Wanderführer Rhön und Vogelsberg

Die schönsten Wanderungen

- **Rundwanderungen**
- **Streckenwanderungen**

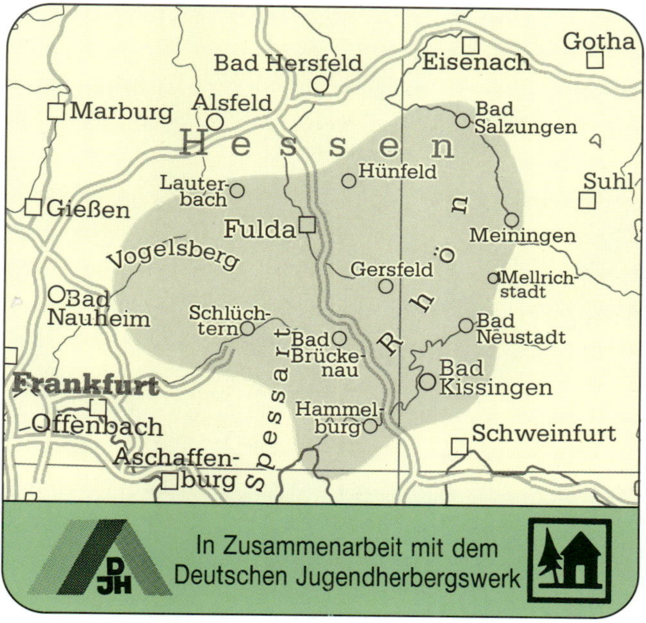

In Zusammenarbeit mit dem Deutschen Jugendherbergswerk

Kompass Wanderführer

Wanderführer Rhön und Vogelsberg

Ausgewählt, begangen
und beschrieben
von Norbert Forsch

Deutscher Wanderverlag
Dr. Mair & Schnabel & Co. · Stuttgart

wandern+ radwandern

Die große Wanderbuch-Reihe
für grenzenloses Wandern

Gesamte Kartographie:
Ing.-Büro Adolf Benjes

Umschlagbild:
Blick auf die Milseburg
(*Foto:* Friedrich Bormann, Ober-Ramstadt)
und Bild auf Seite 2:
Foto: Ulrich Schnabel

3., völlig neugestaltete Auflage, 1994

ISBN 3-8134-0259-2

Satz: Gerda Kaul, D-73240 Wendlingen
Druck: Siegfried Roth, D-73277 Owen/Teck
Printed in Germany

Gedruckt auf 100% chlorfrei gebleichtes Papier

Inhalt

Die Rhön

Rundwanderungen

Spaziergänge und Ausflugsziele

Streckenwanderungen

Von Bad Salzungen nach Meiningen (85 km)

Der Rhön-Höhen-Weg von Burgsinn nach Bad Salzungen

Der Main-Werra-Weg von Gemünden nach Vacha

Der Vogelsberg

Rundwanderungen

Vier Tage-Wanderung Hoher Vogelsberg

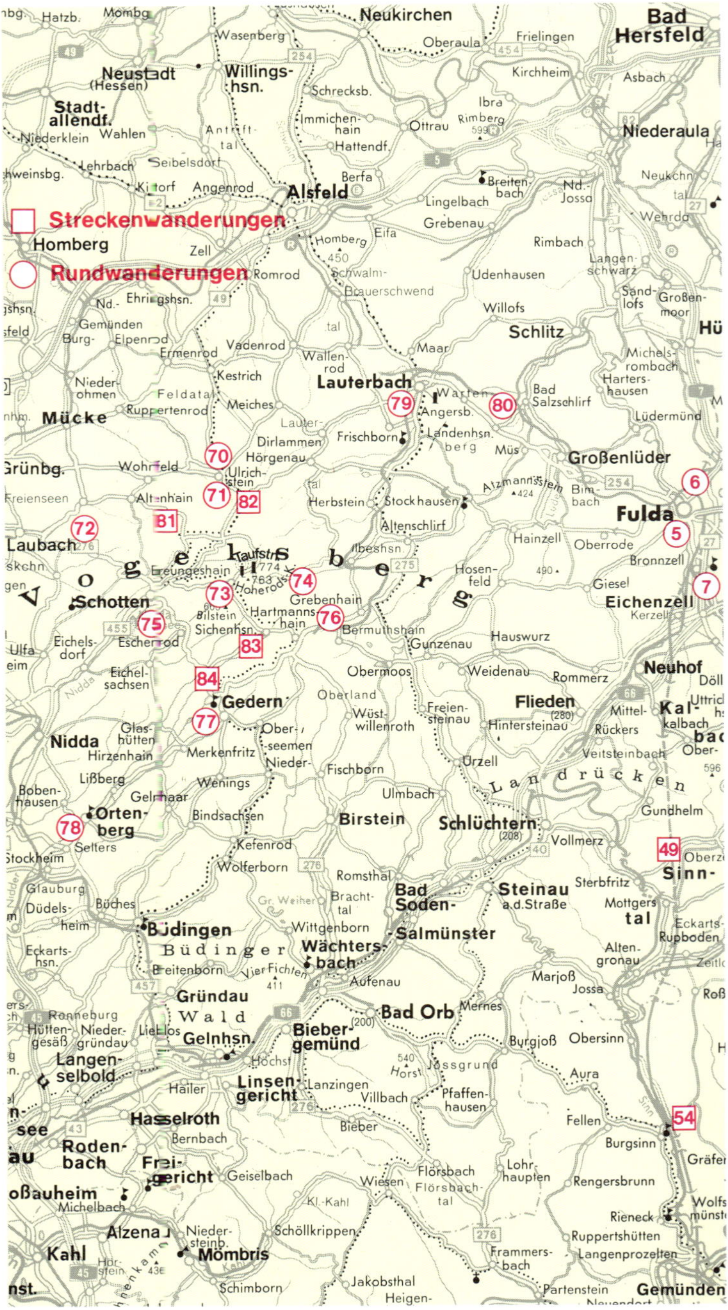

Streckenwanderungen
Rundwanderungen
Neukirchen
Bad Hersfeld
Oberaula
Frielingen
Kirchheim
Asbach
Neustadt (Hessen)
Willingshsn.
Wasenberg
Schrecksb.
Stadtallendf.
Niederklein
Wahlen
Antrift-tal
Immichenhain
Ottrau
Ibra
Rimberg 599
Niederaula
Hattendf.
Lehrbach
Seibelsdorf
Berfa
Breitenbach
Nd.-Jossa
Neukchn.
Kirtorf
Angenrod
Alsfeld
Lingelbach
Grebenau
Wehrda
Homberg
Zell
Eifa
Homberg 450
Rimbach
Langenschwarz
Romrod
Schwalmtal
Udenhausen
Brauerschwend
Sandlofs
Großenmoor
Ehringshsn.
Nd.-Gemünden
Burg-Gemünden
Elpenrod
Willofs
Schlitz
Ermenrod
Vadenrod
Wallenrod
Maar
Michelsrombach
Kestrich
Lauterbach
Hartershausen
Nieder-ohmen
Feldatal
Meiches
Wartenberg
Angersb.
Bad Salzschlirf
Lüdermünd
Mücke
Ruppertenrod
Lautertal
Frischborn
Landenhsn.
Dirlammen
Müs
Großenlüder
Grünbg.
Wohnfeld
Hörgenau
Ulrichstein
Altenhain
Herbstein
Stockhausen
Atzmannstein 424
Bimbach
Fulda
Freienseen
Laubach
Altenschlirf
Hainzell
Oberrode
Ilbeshsn.
Bronnzell
Vogelsberg
Taufstein 774
Freungeshain
Hoherodskopf 763
Hosenfeld
490
Giesel
Schotten
Bilstein 666
Grebenhain
Hartmannshain
Eichenzell
Kerzell
Sichenhsn.
Bermuthshain
Ulfa
Eichelsdorf
Eschenrod
Gunzenau
Hauswurz
Neuhof
Eichelsachsen
Obermoos
Weidenau
Rommerz
Gedern
Oberland
Freiensteinau
Flieden (280)
Mittel-Kalbach
Glashütten
Wüstwillenroth
Hintersteinau
Rückers
Nidda
Hirzenhain
Merkenfritz
Ober-Seemen
Nieder-Seemen
Veitsteinbach
Ober-Kalbach
596
Lißberg
Wenings
Fischborn
Ürzell
Landrücken
Bobenhausen
Gelnhaar
Ulmbach
Gundhelm
Ortenberg
Bindsachsen
Birstein
Schlüchtern (208)
Selters
Kefenrod
Vollmerz
Stockheim
Wolferborn
Romsthal
Sterbfritz
Glauburg
Düdelsheim
Büches
Gr. Weiher
Brachttal
Bad Soden-Salmünster
Steinau a.d.Straße
Mottgers
Sinntal
Büdingen
Wittgenborn
Eckartsroth
Rupboden
Eckartshsn.
Büdinger Wald
Wächtersbach
Altengronau
Breitenborn
Vier Fichten 411
Aufenau
Marjoß
Jossa
Gründau
Ronneburg
Bad Orb (200)
Mernes
Hüttengesäß
Niedergründau
Lieblos
Gelnhsn.
Biebergemünd
Burgjoß
Obersinn
Langenselbold
Höchst
540 Horst
Jossgrund
Aura
Hailer
Linsengericht
Lanzingen
Villbach
Pfaffenhausen
Hasselroth
Bernbach
Bieber
Fellen
Burgsinn
Rodenbach
Freigericht
Geiselbach
Flörsbach
Flörsbachtal
Lohrhaupten
Rengersbrunn
Gräfendorf
Großauheim
Michelbach
Wiesen
Kl.-Kahl
Wolfsmünster
Rieneck
Alzenau
Niedersteinb.
Schöllkrippen
Ruppertshütten
Kahl
Hörstein
Mömbris
Frammersbach
Langenprozelten
Hahnenkamm 436
Jakobsthal
Schimborn
Heigenbrücken
Partenstein
Gemünden
Neuendorf
70
71
72
73
74
75
76
77
78
79
80
81
82
83
84
5
6
7
49
54

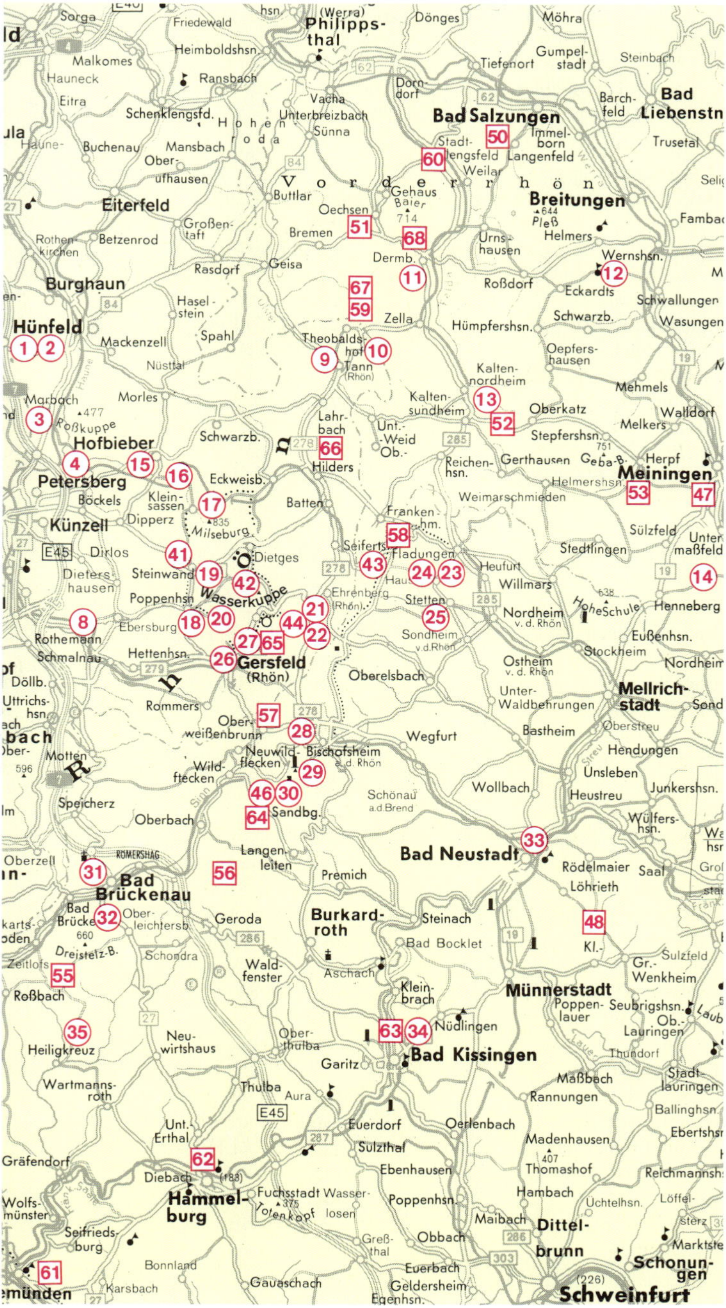

Sorga
Friedewald
Philipps-
thal
Dönges
Möhra
Heimboldshsn.
Malkomes
Hauneck
Ransbach
Gumpel-
stadt
Tiefenort
Steinbach
Eitra
Dorn-
dorf
Vacha
Barch-
feld
Bad
Liebenstn
Schenklengsfd.
Unterbreizbach
Bad Salzungen
Sünna
Haune-
Buchenau
Mansbach
50
Immel-
born
Trusetal
Stadt-
lengsfeld
Langenfeld
60
Ober-
ufhausen
Weilar
Vorderrhön
Gehaus
Baier
714
Breitungen
644
Pleß
Eiterfeld
Buttlar
Oechsen
51
Großen-
taft
Bremen
68
Helmers
Urns-
hausen
Rothen-
kirchen
Betzenrod
Dermb.
Wernshsn.
Rasdorf
Geisa
11
12
Roßdorf
Eckardts
Burghaun
67
59
Schwallungen
Hasel-
stein
Zella
Schwarzb.
Wasungen
Hünfeld
Spahl
Hümpfershsn.
1
2
Mackenzell
Theobalds-
hof
10
Oepfers-
hausen
Nüsttal
9
Tann
(Rhön)
Kalten-
nordheim
Morles
Mehmels
Marbach
477
Kalten-
sundheim
13
3
Roßkuppe
Oberkatz
Walldorf
52
Lahr-
bach
Unt.-
Weid
Ob.-
Melkers
Hofbieber
Schwarzb.
66
Stepfershsn.
751
Geba-B.
4
15
16
Hilders
Reichen-
hsn.
Gerthausen
Herpf
Petersberg
Eckweisb.
Meiningen
Helmershsn.
53
47
Böckels
Klein-
sassen
17
Batten
Weimarschmieden
835
Milseburg
Franken-
hm.
Sülzfeld
Künzell
Dipperz
58
Unter-
maßfeld
E45
Dirlos
41
Dietges
Seiferts
Fladungen
Stedtlingen
Dieters-
hausen
Steinwand
19
43
24
23
Heufurt
14
42
Hausen
Willmars
Wasserkuppe
Ehrenberg
(Rhön)
638
Hohe Schule
Poppenhsn.
21
Stetten
Henneberg
8
18
20
44
25
Nordheim
v. d. Rhön
Ebersburg
22
Rothemann
27
65
Sondheim
v. d. Rhön
Eußenhsn.
Schmalnau
Hettenhsn.
Stockheim
26
Gersfeld
(Rhön)
Ostheim
v. d. Rhön
Nordheim
Döllb.
Oberelsbach
Uttrichs-
hsn.
Rhön
Mellrich-
stadt
Rommers
Unter-
Waldbehrungen
Sond
Ober-
weißenbrunn
57
Oberstreu
28
Wegfurt
Bastheim
Motten
Neuwild-
flecken
Bischofsheim
a. d. Rhön
Hendungen
596
Wild-
flecken
29
Unsleben
46
30
Schönau
a.d.Brend
Wollbach
Heustreu
Junkershsn.
Speicherz
64
Sandbg.
Oberbach
Wülfers-
hsn.
Langen-
leiten
33
Oberzell
ROMERSHAG
Bad Neustadt
Rödelmaier
Saal
31
Bad
Brückenau
56
Premich
Löhrieth
Bad
Brückenau
32
Ober-
leichtersb.
Geroda
Burkard-
roth
Steinach
48
660
Dreistelz-B.
Bad Bocklet
Schondra
Kl.-
Gr.-
Wenkheim
Sulzfeld
Zeitlofs
55
Wald-
fenster
Aschach
Klein-
brach
Münnerstadt
Roßbach
Poppen-
lauer
Seubrigshsn.
35
63
34
Nüdlingen
Ob.-
Lauringen
Heiligkreuz
Neu-
wirtshaus
Ober-
thulba
Bad Kissingen
Thundorf
Garitz
Maßbach
Stadt-
lauringen
Wartmanns-
roth
Thulba
Aura
Rannungen
Ballingshsn.
E45
Unt.-
Erthal
Euerdorf
Oerlenbach
Madenhausen
Ebertshsn.
Gräfendorf
62
Sulzthal
407
Thomashof
Reichmannshs.
Diebach
(183)
Ebenhausen
Hambach
Wolfs-
münster
Hammel-
burg
Fuchsstadt
375
Totenkopf
Wasser-
losen
Poppenhsn.
Üchtelhsn.
Löffel-
sterz
Maibach
Dittel-
brunn
Seifrieds-
burg
Greß-
thal
Obbach
Marktste
Bonnland
Euerbach
Schonun-
gen
61
Gemünden
Karsbach
Gauaschach
Geldersheim
Egenhsn.
(226)
Schweinfurt

Orts- und Sachverzeichnis

Mit Nummern-Angaben der betreffenden Wanderungen; *schräg*-gedruckte Zahlen weisen auf Kurzbeschreibungen im Text hin.

Bilderverzeichnis

Zu Tour 34, 62, 63 **Bad Kissingen, der Ludwigsturm auf dem Staffelsberg**
(Foto: Staatliche Kurverwaltung Bad Kissingen)

Vorwort

Die *Rhön* erstreckt sich von der Werra im Norden über 90 Kilometer nach Süden zum Main und von Meiningen in Thüringen über 50 Kilometer gen Fulda im Westen. Sie unterscheidet sich von anderen Mittelgebirgen Deutschlands durch ihre große landschaftliche Vielfalt. Die *Hohe Rhön* bildet ein waldarmes Plateau von durchschnittlich 800 Metern Höhe. Felsen, Bergwiesen und Moore prägen eine Landschaft von herber Schönheit. Mächtig ragen Kreuzberg, Wasserkuppe und Heidelstein empor. Nordwestlich schließt sich die *Kuppenrhön* an. Über hundert Kegelberge vulkanischen Ursprungs zeichnen ein unverwechselbares Bild. Die Milseburg ist mit 835 Metern die höchste Erhebung. Die *Vorderrhön* in Thüringen wird im Volksmund auch als Kuppenrhön bezeichnet. Im steten Wechsel von Wald und Ackerland treten hier besonders großflächige Halbtrockenrasen hervor. Ganz anders zeigt sich das Fuldaer und das Fränkische *Rhönvorland*. Die Höhen übersteigen selten 500 Meter und sind überwiegend mit dichten Wäldern bedeckt.

Im Norden stößt die Rhön an den Seulingswald und das Knüllgebirge, im Süden an die Mainfränkische Platte und im Osten an den Thüringer Wald. Ihre westliche Grenze findet die Rhön am Spessart und am gewaltigen Vulkankegel des Vogelsberges.

Der *Vogelsberg* ist die größte zusammenhängende Basaltmasse Europas. Sein Zentrum ist ein Plateau, bestanden mit dem urwüchsigen und klimatisch rauhen Oberwald. Er ist das Quellgebiet zahlreicher Bachläufe, die sich aus allen Richtungen in die milden Flußtäler ergießen. Der *Hohe Vogelsberg* umfaßt als ältester Naturpark Hessens eine Fläche von rund vierhundert Quadratkilometern.

Vulkane, Wasser und Wind schufen die Form der Gebirge, aber erst der Mensch schuf die Spannung zwischen weiten offenen Wiesenflächen und bewaldeten Höhen. Durch traditionelle land- und forstwirtschaftliche Nutzung entwickelte sich aus ehemals dichtem Urwald das heutige Land der sprichwörtlichen offenen Fernen.

Anders als der Vogelsberg war die Rhön ein steter Zankapfel der Politik. Bereits die frühe Aufsplitterung in einen hessischen, bayrischen und thüringischen Teil nahm keine Rücksicht auf die Menschen und mit der Befestigung der innerdeutschen Grenze Mitte dieses Jahrhunderts schien die Rhön endgültig zerrissen. Heute freilich, nach dem Fall der Mauer, liegt die Rhön erneut in der Mitte Deutschlands und ist mit ihren rund 3500 Quadratkilometern wieder ein grenzenloses Wanderland geworden. Vor diesem Hintergrund hat die UNESCO rund 132000 Hektar Land einschließlich des Naturparks Rhön zum Biosphärenreservat erklärt. Die Rhön soll als Modellregion beispielhaft für andere Mittelgebirge erhalten und entwickelt werden. Ziel ist es, Landschaftsnutzung und Landschaftsschutz, Mensch und Natur in Einklang zu bringen. Die Rhön, die als Kulturlandschaft durch das Einwirken des Menschen entstanden ist, braucht nun seine Pflege, damit sie in ihrer Einzigartigkeit erhalten bleibt.

Norbert Forsch

Hinweise

Die *Nahverkehrsverbindungen* haben sich in den letzten Jahren im ländlichen Raum sehr verschlechtert. Insbesondere bei Wanderungen an Wochenenden und Feiertagen ist es erforderlich, sich beizeiten nach den genauen Fahrzeiten zu erkundigen. Die Angabe der *Höhenunterschiede* ergibt sich aus der Addition aller zurückgelegten Steigungen.

Die Wegemarkierung *Dreieck* wird in der Literatur gelegentlich auch *Keil* genannt.

Verlangen Sie beim Kauf von *Wanderkarten* immer die neueste Auflage. Ältere Karten für die Thüringische Rhön weisen gravierende Mängel auf.

Zu Tour 34, 62, 63 **Wandern in der Röhn**
(Foto: Staatliche Kurverwaltung Bad Kissingen)

Die Rhön

1 Von Neukirchen zur Burgruine Hauneck

Verkehrsmöglichkeiten Neukirchen, Gemeinde Haunetal, liegt an der B 27 zwischen Hünfeld und Bad Hersfeld. Bahn- und Busverbindung auf der Strecke Fulda – Bad Hersfeld.
Parkmöglichkeiten Am Bahnhof.
Wegmarkierungen Weißes Andreaskreuz Nr. 3 des Knüllgebirgsvereins bis zur Burgruine Hauneck. Rückweg ohne durchgehende Markierung.
Tourenlänge 7 Kilometer.
Wanderzeit 2 Stunden.
Höhenunterschiede Etwa 320 Höhenmeter.
Wanderkarte Naturpark Rhön 1:50000, Nordblatt.
Wissenswertes Die *Burgruine Hauneck* auf dem Stoppelsberg (517 m) ist der nördlichste Vorposten der Rhön. Die kleine Gipfelburg wurde im 14. Jahrhundert von den Herren von Haune erbaut und 1469 durch die Ritter von Buchenau zerstört. Ende des 15. Jahrhunderts wurde sie erneuert, den Verheerungen des 30jährigen Krieges konnte sie aber nicht widerstehen. Westlich von *Unterstoppel* befindet sich das Naturdenkmal *Lange Steine,* mannshohe Felsblöcke von bis zu 14 Metern Länge.
Tourenbeschreibung Wir spazieren von der *Bahnhofstraße* zur *Hauptstraße* und folgen der *Johannesstraße* durch die Unterführung der B 27 in die *Burg-Hauneck-Straße.* Wir passieren die Kirche *St. Michael* und die *Schule,* treten in den Wald, folgen dem weißen Andreaskreuz sofort nach links und halten uns an der nächsten Gabelung rechts. Der Weg führt uns stetig bergauf durch den Fichtenwald. Eine Überlandleitung unterquerend folgen wir dem Schild *»Burgruine Hauneck«* in einer scharfen Linkskurve, biegen bald rechts ab in einen schmalen Pfad, treffen auf einen Forstweg, folgen ihm nach rechts und queren die Stromleitung ein zweites Mal. Unser Weg führt an einer großen Lichtung vorbei, biegt am Waldrand links ab und stößt auf ein Asphaltsträßchen. Hier nach rechts und den *Stoppelsberg* umrundend zur *Burgruine Hauneck.* Bei schönen Wetter schenkt uns der hohe Bergfried einen herrlichen Rundblick über Hochrhön und Hessisches Kegelspiel, Knüllgebirge und Thüringer Wald.

Nach der Besichtigung setzen wir die Umrundung des Stoppelsberges fort und treffen wieder auf die bereits bekannte As-

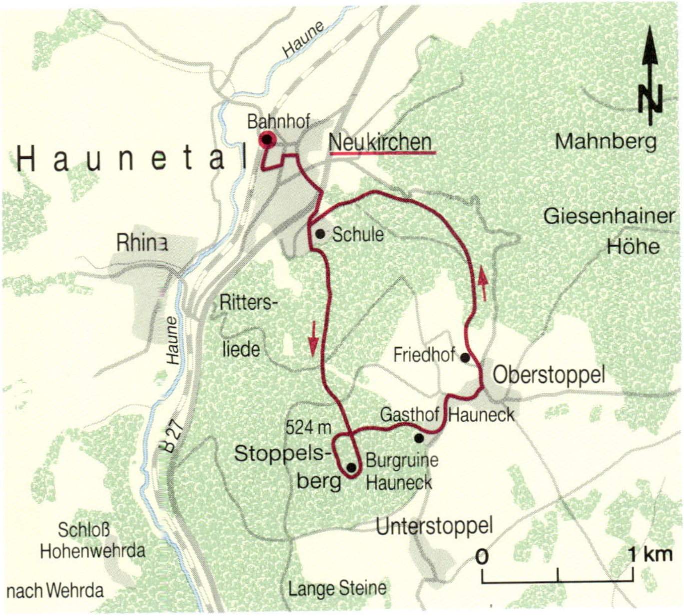

phaltstraße. Hier nach rechts und am *Gasthof Hauneck* vorbei nach *Oberstoppel.*

Wir verlassen den Ort über die Vorfahrtsstraße und treffen auf die Verkehrsstraße nach Neukirchen. Wenige Meter hinter dem Ortsausgangsschild wandern wir am *Friedhof* vorbei bergab in den Wald, kommen der Verkehrsstraße wieder nahe, wenden uns aber nach links hinauf, erreichen wieder die *Schule* und wandern nach *Neukirchen* zurück.

2 Von Hünfeld zum Ulmenstein

Verkehrsmöglichkeiten Hünfeld liegt inmitten des Hessischen Kegelspiels an der B 27 Fulda – Bad Hersfeld. Bahnverbindung auf der Strecke Fulda – Kassel. Busverbindung Richtung Fulda, Bad Hersfeld, Hohenroda und Schlitz.
Parkmöglichkeiten Am Bahnhof.
Wegmarkierungen Schwarzer Winkel.
Tourenlänge 12,5 Kilometer.
Wanderzeit 3½ Stunden.
Höhenunterschiede Etwa 280 Höhenmeter.
Wanderkarte Naturpark Rhön 1:50000, Nordblatt.
Wissenswertes *Hünfeld* liegt an der alten Heer- und Handelsstraße Ansavia. Das historische Stadtbild wurde durch viele kriegerische Einflüsse und durch den Großbrand von 1888 entscheidend verändert. Goethe hat uns seinen Eindruck vom alten Hünfeld im Gedicht »Jahrmarkt zu Hünfeld« überliefert. Der kleine See auf dem *Ulmenstein* (549 m) entstand bei Steinbrucharbeiten an der Basaltklippe.
Tourenbeschreibung Wir treten aus dem Bahnhof, wenden uns nach rechts und überqueren die *Fuldaer Straße* an der Fußgängerampel. Wenig nach rechts und gleich wieder nach links in die *Klingelstraße.* Nach etwa dreißig Metern links in die *Neustädter Straße.* Hier beginnt die Markierung schwarzer Winkel. Bergaufgehend stoßen wir auf die *Josefstraße.* Ihr folgen wir nach rechts, passieren die *Post* und verlassen über die *Molzbachstraße* die Stadt.

Vor der Kaserne des Bundesgrenzschutzes biegen wir links ab in den *Richard-Wagner-Weg.* Der schwarze Winkel führt uns am Zaun entlang um das Kasernengelände herum. Bald sehen wir zur Linken das Übungsgelände des BGS. Wir stoßen auf eine Asphaltstraße, der wir nach links folgen, gehen aber bald nach rechts über die Höhe nach *Molzbach* hinab. Durch die Straße *Am Hain* in die *Oberdorfstraße,* auf der wir Molzbach verlassen.

Vor einem Hochspannungsmast wenden wir uns rechts hinauf in den Wald und wandern auf gut markiertem Weg bis zum See am *Ulmenstein.* Hier ist der Wendepunkt unserer Wanderung.

Talwärts wandern wir Richtung Mackenzell und treffen auf eine ausgebaute Straße. Ihr folgen wir etwa 500 Meter bergab, bis uns der schwarze Winkel rechts in einen Hohlweg führt, der in einen schattigen baum- und strauchgesäumten Pfad übergeht. Indem wir einen Wirtschaftsweg kreuzen, erreichen wir *Drachenstein,* einen verspielten Grillplatz mit Wasserrad und erfri-

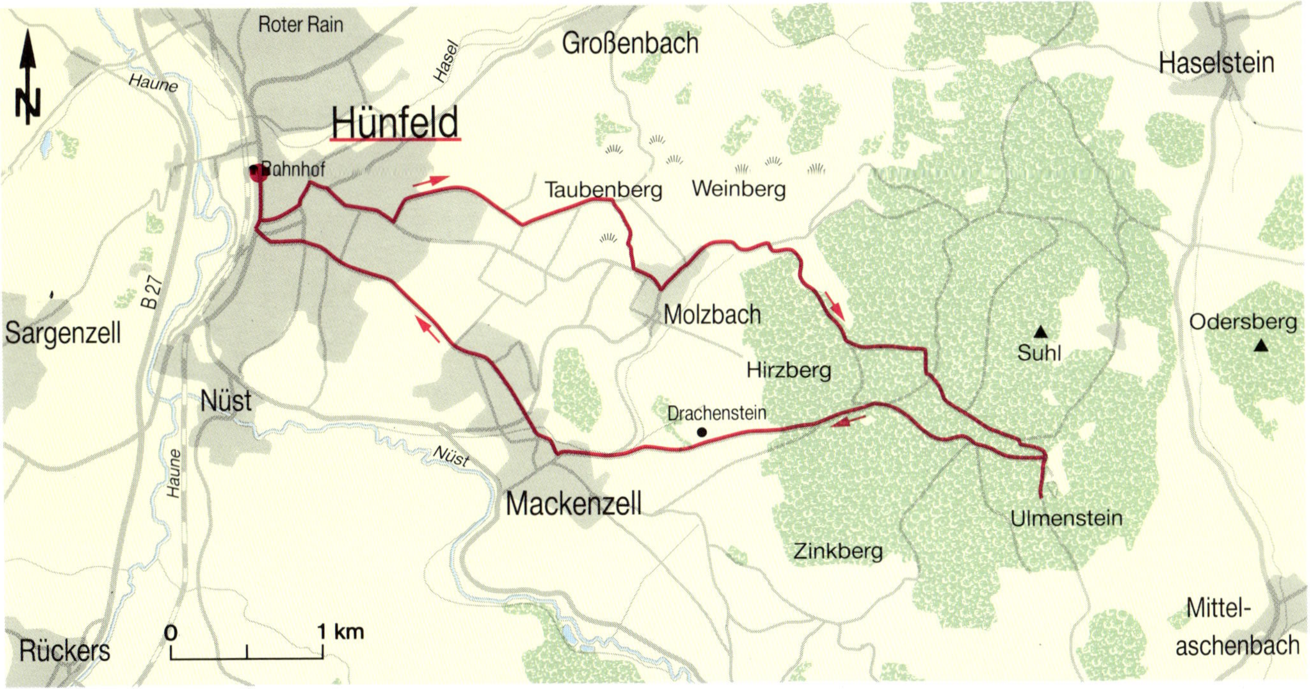
Roter Rain
Großenbach
Haselstein
Haune
Hasel
Hünfeld
Bahnhof
Taubenberg
Weinberg
B 27
Molzbach
Sargenzell
Odersberg
Suhl
Hirzberg
Nüst
Drachenstein
Nüst
Haune
Mackenzell
Ulmenstein
Zinkberg
Mittel-
aschenbach
0
1 km
Rückers

schendem Brunnen. Bei den ersten Häusern von *Mackenzell* nach rechts und auf schmalem Weg am Berghang entlang zur *Sparkasse*.

Über die langgezogene *Hünfelder Straße* verlassen wir den Ort, erreichen *Hünfeld* über die *Mackenzeller Straße* und finden über die *Klingelstraße* zum Bahnhof zurück.

3 Von Marbach nach Praforst

Verkehrsmöglichkeiten Marbach, Gemeinde Petersberg, liegt an der B 27 Fulda – Hünfeld. Dünne Busverbindung auf der Strecke Fulda – Bad Hersfeld.
Parkmöglichkeiten Am Sportplatz am Waldrand im Norden von Marbach oder auf dem Parkplatz Haunesee. Ab Haunesee verlängert sich die Wanderung um etwa eine halbe Stunde. Das schwarze Ei markiert den Weg über den Mühlbergweg zum Sportplatz.
Wegmarkierungen Schwarzes Ei bis Forsthaus Hubertus, rotes Dreieck (voll, gegen die Spitze) bis kurz vor Oberfeld, dann ohne Markierung.
Tourenlänge 9 Kilometer.
Wanderzeit 2½ Stunden.
Höhenunterschiede Etwa 300 Höhenmeter.
Wanderkarte Naturpark Rhön 1:50000, Nordblatt.
Wissenswertes In *Marbach* können wir die katholische Kirche St. Ägidius und das barocke Pfarrhaus, eine ehemalige Wildmeisterei, besichtigen.

Tourenbeschreibung Vom *Sportplatz* führt uns der schwarze Tropfen in den Wald. Bald gehen wir auf unbefestigtem Weg zu Tal, überqueren einen Bach im Wiesengrund, steigen gleich wieder bergauf, halten uns links und folgen dem schmalen Pfad zur *Hummelskuppe* hinauf. Er kreuzt mehrere breite Wege, bis er uns nach rechts und über eine Kreuzung auf eine breite Forststraße führt.

Nach einer längeren Waldwanderung erreichen wir die Flur. Nun nach links, bald wieder nach rechts und immer am Waldrand entlang. Wir berühren den Trimmpfad des *Freizeitgebietes Praforst* und überqueren den *Campingplatz*. Kurz vor dem Ausflugsziel *Forsthaus Hubertus* (Waldschenke) knickt unser Rundweg links ab und verläßt das schwarze Ei.

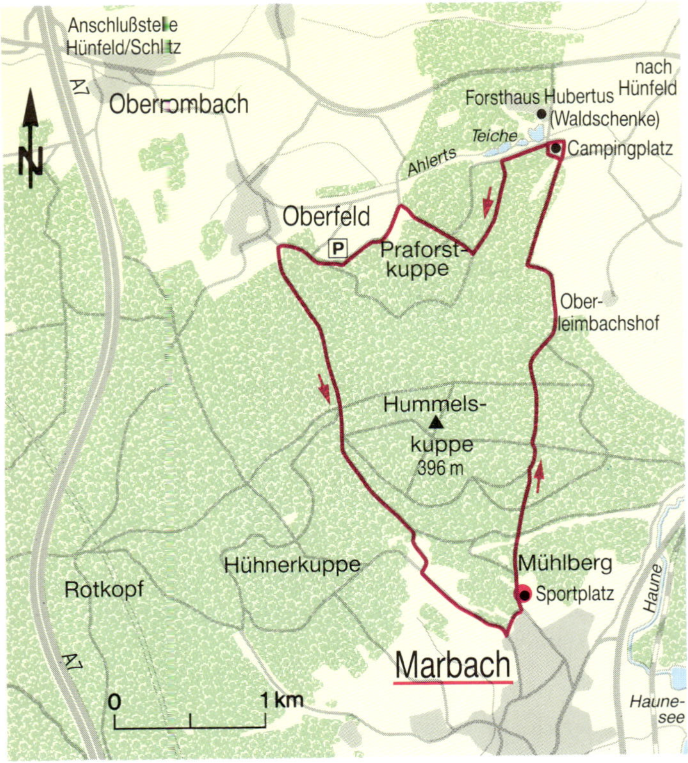

Wir halten uns nun an das rote Dreieck und spazieren an den *Teichen* entlang. Nördlich der Praforstkuppe wandern wir durch dichten Wald, bis wir wieder die Flur erreichen. Nun nach links, bald nach rechts und immer am Waldrand entlang bis kurz vor Oberfeld.

Hier nach links. Nach etwa hundert Metern zweigt der markierte Weg rechts ab. Wir wandern ohne Markierung geradeaus. Auf breitem Weg erreichen wir im Tal eine *Wegkreuzung mit Ruhebänken* nahe einer großen Wiese. Hier nach rechts und an der nächsten Gabelung links in den asphaltierten Weg. Kurz vor den ersten Häusern Marbachs links steil in die Höhe und zum nahen *Sportplatz* zurück.

4 Von Steinhaus zur Wendelinuskapelle

Verkehrsmöglichkeiten Steinhaus, Gemeinde Petersberg, erreicht man über die A 7, Ausfahrt Fulda Nord und dann über die B 27 Richtung Hünfeld. Dünne Busverbindung auf der Strecke Fulda – Bad Hersfeld.
Parkmöglichkeiten An der Kirche.
Wegmarkierungen Keine durchgehende Markieruzng.
Tourenlänge 4,5 Kilometer.
Wanderzeit 1½ Stunden.
Höhenunterschiede Etwa 80 Meter.
Wanderkarte Naturpark Rhön 1:50000, Nordblatt.
Wissenswertes Die *Wenelinuskapelle* (1908) mit Kreuzwegstationen und Mariengrotte ist dem Patron der Bauern gewidmet.
Tourenbeschreibung Aus dem *Valentinsweg* vor der *Kirche* treten wir in die *Steinhäuser Straße* und gehen bergan zu einem Bildstock. Dem Wegweiser folgen wir nach links zur *Wendelinuskapelle.* Hier nach links (schwarzer Winkel) bis zum Wegstern unmittelbar vor der alten *Degenhardt-Eiche.*

Wir biegen links ab in den sogenannten *Kreuzsteinweg*, spazieren ohne Markierung zu einer Wiese, wenden uns nach links und erreichen die Kreuzung vor dem Forsthaus. Hier links bis zur Kreisstraße Wir folgen der Kreisstraße etwa 100 Meter nach links, biegen links ab, erreichen die Höhe und wandern zum nahen *Steinhaus* zurück.

5 Der Fuldarundweg
1. Wandertag
Von Eichenzell nach Lehnerz

Verkehrsmöglichkeiten Fulda erreicht man über die A 7 Kassel – Würzburg, Eichenzell über die Abfahrt Fulda-Süd. Fulda ist stündlich mit Intercity-Zügen zu erreichen, Eichenzell in wenigen Minuten mit der Rhönbahn Fulda – Gersfeld.
Parkmöglichkeiten Am Schlößchen im Ortskern von Eichenzell.
Wegmarkierungen Grünes Dreieck.
Tourenlänge 21 Kilometer.
Wanderzeit 5 Stunden.
Höhenunterschiede Etwa 170 Höhenmeter.
Wanderkarte Naturpark Rhön 1:50000, Nordblatt.
Wissenswertes *Fulda,* das wirtschaftliche und kulturelle Zentrum von Osthessen, ist Bischofssitz, Tagungsort der Deutschen Bischofskonferenz und des Evangelischen Kirchentages. Eine Besiedlung im Bereich des heutigen Domes wurde schon für die vorschristliche Zeit nachgewiesen. Namen und Bedeutung hat Fulda aber erst durch die Klostergründung im Jahr 744 erlangt. Fürstäbte und Bischöfe umgaben die Stadt mit einem Ring von Bergkirchen und Klöstern. Nach Ende des Dreißigjährigen Krieges entfaltete sich Fulda zu einer der schönsten Barockstädte. Eine Besichtigung des Barockviertels mit Stadtschloß und Orangerie sollte man nicht versäumen. Die Michaeliskirche ist eine der ältesten erhaltenen Kirchen Deutschlands. Der Dom birgt das Grabmal des heiligen Bonifatius, des Apostels der Deutschen.

In *Johannesberg* haben wir Gelegenheit das Probsteischloß mit seinem großzügigen Barockgarten zu besuchen.
Anmerkung Diese Beschreibung des Fuldarundweges folgt der neuesten Markierung. Sie weicht von der Darstellung auf älteren Wanderkarten und Orientierungstafeln ab. Die Route wurde willkürlich in zwei Etappen aufgeteilt, kann jedoch an jedem

Ausgangspunkt begonnen und beendet werden. Es bestehen gute Busverbindungen mit den Vororten.

Tourenbeschreibung Wir beginnen die Wanderung am *Schlößchen* in *Eichenzell.* Über die *Ulmenstraße* und die *Sudetenstraße* spazieren wir durch das Neubaugebiet zum Supermarkt nahe der Verkehrsstraße Eichenzell – Bronnzell. Dem parallel laufenden asphaltierten Wirtschaftsweg folgen wir Richtung Bronnzell bis zu einem *Gehöft.* An einem Weiher vorbei wandern wir über die *Fuldaer Straße* bis zur *Adolphsecker Allee.* Wir wenden uns nach links. Über die *Fasaneriestraße* erreichen wir *Bronnzell.*

Wir gehen von der *Bronzeller Straße* in die *Ziegeler Straße,* durchschreiten die Eisenbahnunterführung, überqueren die *Fulda* und erreichen den *Sportplatz.* Hinter dem Sportplatz nach rechts und durch Äcker und Wiesen nach *Johannesberg.*

Über die *Joahnnesberger Str.* und die *von-Mergensen-Straße* erreichen wir kurz vor dem Ortsende die *Lukasstraße,* die uns

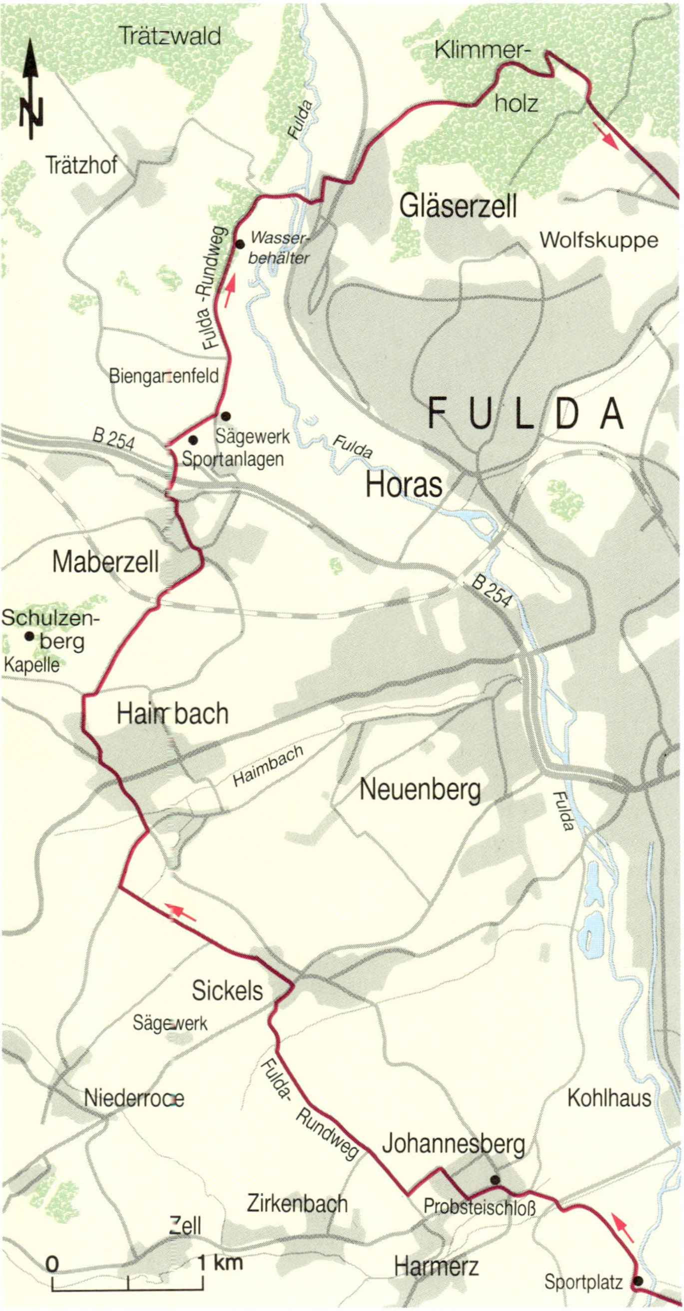

N
Trätzwald
Klimmer-
holz
Trätzhof
Fulda
Gläserzell
Wolfskuppe
Wasser-
behälter
Fulda -Rundweg
Biengartenfeld
F U L D A
Sägewerk
B 254
Sportanlagen
Fulda
Horas
Maberzell
B 254
Schulzen-
berg
Kapelle
Haimbach
Haimbach
Neuenberg
Fulda
Sickels
Sägewerk
Fulda-
Rundweg
Niederrode
Kohlhaus
Johannesberg
Probsteischloß
Zirkenbach
Zell
0
1 km
Harmerz
Sportplatz

nach rechts zum *Sportplatz* führt. Der Wanderweg zieht um das Sportgelände herum und stößt nach etwa 300 Metern auf einen Querweg. Wir gehen nach rechts und geradewegs durch offenes Gelände bis zur Verkehrsstraße von Sickels nach Niederrode. Wir wenden uns nach rechts Richtung Sickels.

Kurz hinter der Fußgängerampel in *Sickels* schwenken wir nach links in die Straße *An der Mariengrotte.* Nun geradeaus bis zur Verkehrsstraße Haimbach – Niederrode. Wir wenden uns nach rechts Richtung Haimbach.

In *Haimbach* überqueren wir die Kreuzung mit Ampelanlage, kommen in die *Eichhornstraße.* Nach rechts in den *Röthweg,* links in die *Elchstraße* und durch das Neubaugebiet. Am *Bildstock* auf der Höhe haben wir die Kapelle auf dem Schulzenberg fast erreicht, unser Weg führt uns aber nach rechts, durch die Flur, am Wasserbehälter vorbei und durch eine Unterführung der Eisenbahn. Wir erreichen *Maberzell* auf der Straße *Zum Schulzenberg.*

Nach links in die *Rittlehnstraße* und durch die Unterführung der B 254 aus dem Ort. Bald nach rechts, hinter dem *Sportgelände* nach links und bergauf in den schattigen Wald.

Am Ortsanfang von *Gläserzell* treten wir aus dem Wald, folgen dem Weg zwischen Sportplatz und Gärtnerei, überqueren

Zu Tour 5, 6 **Fulda, Stadtschloß** (Foto: Michael Walke)

die *Fulda* und gelangen in die Gasse *Am Mühlbach*. Nach links in die *Gläserzeller Straße*. Wir gehen durch eine Unterführung und verlassen den Ort auf der Straße *An der Trift*. Sie führt uns in den *Niesiger Wald*. Die Markierung grünes Dreieck führt uns sicher zum *Gerloser Häuschen*, einer beliebten Freizeitanlage mit Grillmöglichkeiten, Kneippbecken, Spielweisen und Informationstafeln über Geschichte und Waldzustand.

An der Orientierungstafel hinter der Schranke wenden wir uns nach links, verlassen den Wald und wandern geradewegs durch *Aschenberg*. Am Ortsende nach links in die Straße *Am Sandberg*. Bergauf und an den *Tennisplätzen* vorbei in den Wald. An der Wegdreiteilung am Waldrand nehmen wir den mittleren Weg. Er führt uns sanft bergan. Kurz bevor wir die Höhe erreicht haben, verlassen wir den Weg und wenden uns halbrechts in einen etwas unwegsamen Pfad. Am Querweg rechts und hinab. Am Waldrand, die Häuser vom Dietrichshof erblickend links hinab zur Asphaltstraße, dort rechts, am *Die-*

trichshof vorbei, durch die *Bahnunterführung* und über die *Dorfallee* in die *Lehnerzer Straße.*

Der *Lehnerzer Straße* folgen wir nach links. Hinter der *Unterführung* rechts und an der Umgehungsstraße entlang. Wir kommen aus dem *Burgweg,* gehen nach rechts, bald nach links in die *Trimburgstraße.* Nach rechts in *Am Felsenkeller.* Links in die *Rauschenbergstraße.* In der scharfen Rechtskurve schwenken wir links in den Fußgängerweg, überqueren die Verkehrsstraße und erreichen den *Rastplatz* am Fuß des Rauschenberges.

6 Der Fuldarundweg 2. Wandertag Von Lehnerz nach Eichenzell

Verkehrsmöglichkeiten Lehnerz ist nördlicher Stadtteil von Fulda und über die B 27 gut zu erreichen. Busverbindung.
Parkmöglichkeiten Ortsmitte.
Wegmarkierungen Grünes Dreieck.
Tourenlänge 14 Kilometer.
Wanderzeit 4 Stunden.
Höhenunterschiede Etwa 230 Höhenmeter.
Wanderkarte Naturpark Rhön 1:50000, Nordblatt.
Wissenswertes Das ehemalige Benediktinerkloster St. Peter in *Petersberg* liegt auf einem weithin sichtbaren Basaltkegel. In der Krypta der Liobakirche befindet sich der Steinsarkophag der heiligen Lioba, die 836 hier bestattet wurde.

Die Pfarrkirche auf dem *Florenberg,* deren erster Bau auf das Jahr 900 zurückgeht, birgt seit 913 die Reliquien der heiligen Flora.

In *Eichenzell* sollte man nicht versäumen das Barockschloß Adolphseck (Fasanerie) zu besuchen, die ehemalige Sommerresidenz der Fürstäbte. Autofahrer erreichen das Schloß über Bronnzell. Der Weg ist ausgeschildert. (Siehe Tour 39)

Tourenbeschreibung Auf dem *Rastplatz* am Fuß des Rauschenberges halten wir uns rechts, biegen aber nach wenigen Metern vom Asphaltweg links ab und erklimmen auf steilem, schmalem Pfad den *Rauschenberg.* An der *Schutzhütte* nach links zum *Wachtturm.* Steil bergab durch den Wald, am Grillplatz vorbei, dann auf Asphaltstraße zu Tal, an der Ruhebank rechts und zu einem Parkplatz. Dort wieder nach rechts und in die *Eisenacher Straße.* Weiter in den *Geisaer Weg,* nach links in die *Heckenstraße* und bald nach links auf steilem Fußweg hinauf zur Gipfelkir-

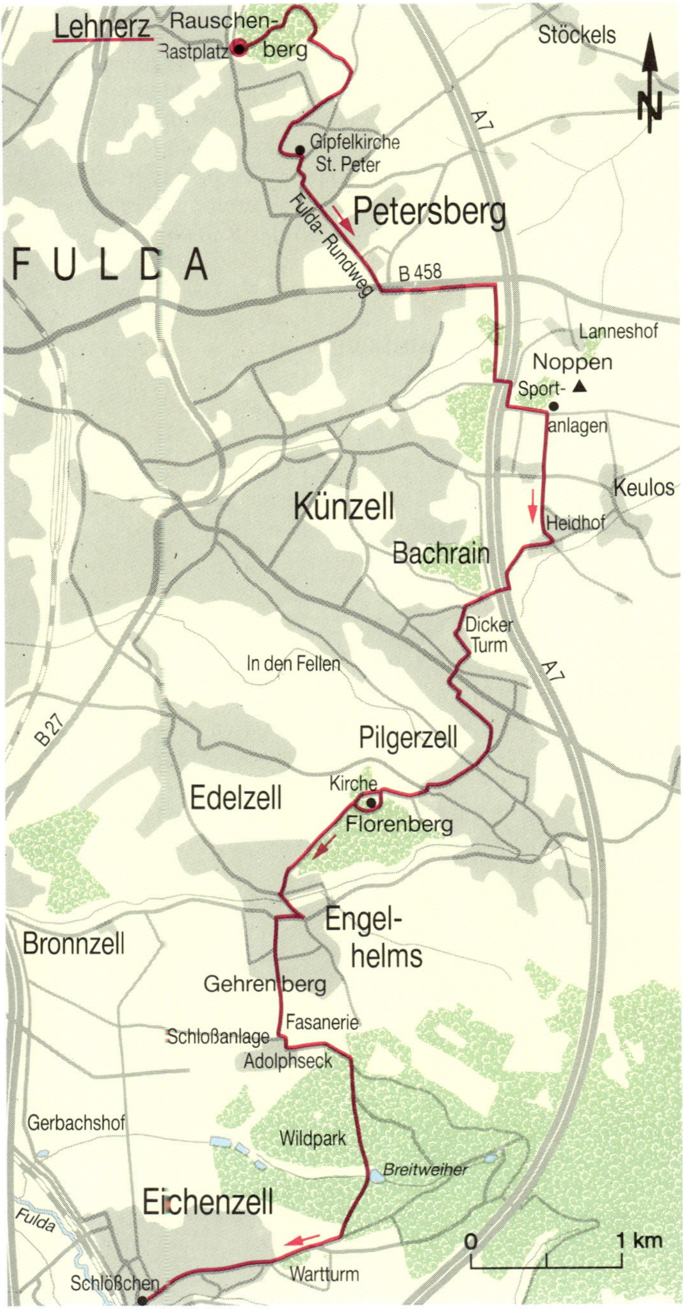
Lehnerz
Rauschen-
berg
Rastplatz
Stöckels
N
A7
Gipfelkirche
St. Peter
Petersberg
Fulda- Rundweg
F U L D A
B 458
Lanneshof
Noppen
Sport-
anlagen
Keulos
Heidhof
Künzell
Bachrain
Dicker
Turm
A7
In den Fellen
B 27
Pilgerzell
Kirche
Edelzell
Florenberg
Engel-
helms
Bronnzell
Gehrenberg
Fasanerie
Schloßanlage
Adolphseck
Gerbachshof
Wildpark
Breitweiher
Eichenzell
Fulda
0
1 km
Schlößchen
Wartturm

che *St. Peter.* Hinab geht es wenige Meter auf der Straße *St. Peter,* dann nach rechts in die *Rabanus-Maurus-Straße* bis zum Probsteihaus. Nun nach links in die *Probsteistraße,* die in die *Landwehrstraße* übergeht. Der Weg führt uns an einem *Getränkebetrieb* entlang zur B 458. Wir überqueren vorsichtig die belebte Straße und gehen nach links über den Bürgersteig und Feldweg Richtung Autobahn. An der Autobahn entlang, über eine *Freizeitanlage,* durch eine Unterführung, dahinter nach rechts, bald nach links, bis zu einem *Sportgelände.* Hier schwenken wir nach rechts, überqueren bald die Kreisstraße und erreichen *Heidhof* auf asphaltiertem Weg.

Von der Straße *Am Heidhof* nach rechts in die *Friedensstraße.* Der Weg führt uns nach rechts über die Autobahn hinweg zum *Dicken Turm.* Über die *Florastraße,* vorbei am Friedhof, erreichen wir den *Florenberg* und gehen um den Gipfel herum. Wir tauchen in den Wald. Über die *Florenbergstraße,* links ab in die Straße *Am Eichenwäldchen* erreichen wir *Engelhelms.* Wir verlassen den Ort über die *Schloßstraße* und erreichen die Schloßanlage *Adolphseck.* An der Schloßmauer entlang wandern wir zum *Wartturm* und über die *Turmstraße* zum Parkplatz am *Schlößchen* in *Eichenzell* zurück.

7 Von Eichenzell zum Breitweiher

Verkehrsmöglichkeiten Eichenzell erreicht man über die A 7, Ausfahrt Fulda Süd und über die B 27. Bahnverbindung auf der Strecke Fulda – Gersfeld. Dünne Busverbindung.
Parkmöglichkeiten Parkplatz am Schlößchen.
Wegmarkierungen Ohne durchgehende Markierung.
Tourenlänge 6 Kilometer.
Wanderzeit 1½ Stunden.
Höhenunterschiede Unwesentlich.
Wanderkarte Naturpark Rhön 1:50000, Nordblatt.
Wissenswertes Der Wartturm ist ein Signalturm aus dem 14. Jahrhundert, der mit anderen Türmen in Sichtkontakt stand. Von diesen Türmen aus wurde frühzeitig vor anrückenden Feinden gewarnt.
Anmerkung Die Wanderung kann auch am Parkplatz am Wartturm begonnen werden. Dort informiert eine Tafel über weitere Rundwanderungen. Am Fuß des Turmes liegt ein großer Spielplatz.

Tourenbeschreibung Vom Parkplatz am *Schlößchen* wandern wir über die *Turmstraße* geradewegs zum *Wartturm*. Der Weg führt zwischen zwei Hochspannungsmasten hindurch in den Wald. Wir nähern uns der Autobahn, sehen Leitplanken, schwenken nach links und folgen dem blauen Quadrat geradeaus und bald sanft bergab zum *Schäferbrunnen*. Nach links und am Teich vorbei. An der folgenden Weggabelung nach rechts. An der Kreuzung geradeaus. Wir folgen nun dem gelben Quadrat und erreichen die *Mauer des Wildparks* der Fasanerie. Hier entscheiden wir uns für einen Abstecher zur Fasanerie (siehe Tour 39) und folgen dem grünen Dreieck nach rechts oder gehen mit dem grünen Dreieck nach links immer an der Mauer entlang zum *Breitweiher* und zum *Wartturm* zurück.

8 Von Lütter über den Motzküppel nach Weyhers

Verkehrsmöglichkeiten Lütter, Gemeinde Eichenzell, erreicht man über die Landstraße Richtung Poppenhausen. Rhönbahn Fulda – Gersfeld. Dünne Busverbindung.
Parkmöglichkeiten Beim Bahnhof im Ortsteil Memlos.
Wegmarkierungen Anfangs offenes schwarzes Dreieck, dann ohne Markierung. Schwarzes Ei von Weyhers bis Oberlütter, rotes Dreieck durch den Lüttergrund.
Tourenlänge 8 Kilometer.
Wanderzeit 2 Stunden.
Höhenunterschiede Etwa 140 Höhenmeter.
Wanderkarte Naturpark Rhön 1:50000, Nordblatt.
Wissenswertes In der Dorfkirche Zum Heiligen Kreuz in *Lütter* sind im Untergeschoß spätgotische Wandmalereien zu besichtigen.
Tourenbeschreibung Vom *Bahnhof* mit dem offenen schwarzen Dreieck über den *Strahlhofweg* in den *Halsbachweg* und durch die *Unterführung* der Rhönbahn. Bergauf, an der Kreuzung rechts und durch den *Halsbachhof*. An der nächsten Kreu-

zung wieder rechts und über einen Bach. Hier biegen wir von der Asphaltstraße ab und wandern einen bewachsenen Weg bergauf. Auf Asphalt am *Motzhaukhof* vorüber. Links sehen wir Dietershausen, rechts den Motzküppel (453 m). Wenige Meter vor Erreichen der Landstraße verlassen wir das offene schwarze Dreieck, wenden uns nach rechts und erreichen *Weyhers.*

Von der *Bergstraße* nach rechts in die *Fuldaer Straße,* dann links in die *Rhönstraße* und an der *Kirche* vorbei. Wir verlassen Weyhers über den *Ebersburger Weg,* passieren den *Sportplatz* und erreichen *Oberlütter.*

Wir überqueren die Landstraße, gehen wenige Meter nach rechts, dann nach links, folgen dem Wegweiser zur Johannesmühle und überqueren den *Lütterbach.* An der *Johannesmühle* wenden wir uns nach rechts, kommen über den *Weikardshof* durch den Lüttergrund und kreuzen eine Bahnlinie. Nach etwa 150 Metern verlassen wir das rote Dreieck und biegen rechts ab nach *Lütter-Memlos.*

9 Von Tann zum Habelstein

Verkehrsmöglichkeiten Tann liegt im Ulstertal an der B 278. Busverbindung Richtung Hofbieber – Fulda. Werktags Richtung Hilders – Ehrenberg/Wüstensachsen.
Parkmöglichkeiten Ortsmitte.
Wegmarkierungen Grünes Ei.
Tourenlänge 8 Kilometer. **Wanderzeit** 2 Stunden.
Höhenunterschiede Etwa 330 Höhenmeter.
Wanderkarte Naturpark Rhön 1:50000, Nordblatt.
Wissenswertes *Tann,* 1197 erstmals erwähnt, ist die älteste Siedlung im Ulstertal. Der Ort hat sich sein mittelalterliches Stadtbild harmonisch bewahrt und ist reich an Sehenswürdigkeiten. Das Rhöner Museumsdorf neben dem Schloß zeigt das traditionelle Leben auf Rhöner Bauernhöfen (siehe Tour 38). Im *Haus des Gastes* befindet sich eine Informationsstelle über die geschichtliche Entwicklung der deutschen Teilung bis zur Vereinigung beider deutscher Staaten. In der *Kleinfischbacher Straße* beginnt ein Naturlehrpfad (4,5 km, Markierung: grünes Buchenblatt in Holz).

Auf dem *Habelberg* befinden sich die Reste einer keltischen Ringwallanlage. Vom Habelstein schweift der Blick über Dorf Habel, Milseburg und Wasserkuppe.

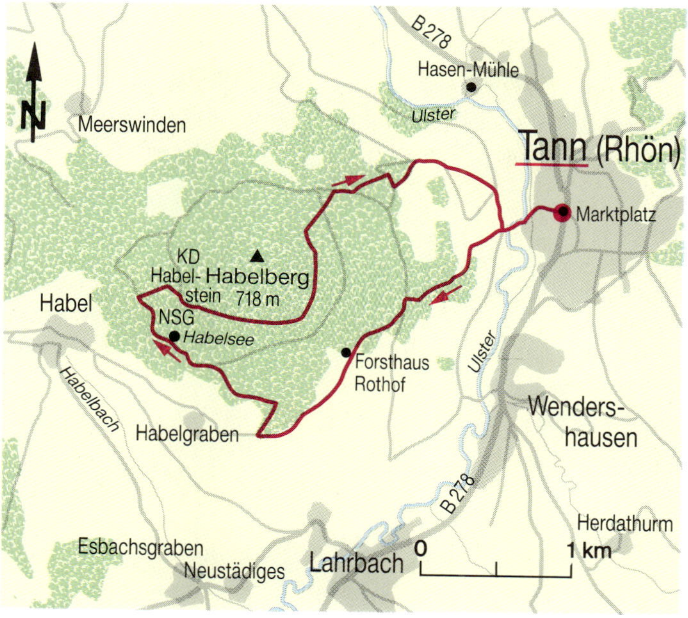

Tourenbeschreibung Vom *Marktplatz* mit dem *Denkmal* des Freiherren Ludwig von und zu der Tann und dem *Elfapostelhaus* spazieren wir über die *Marktstraße* zum *Postamt,* biegen links ab und verlassen den Ort über die *Brunnengasse.*

Wir überqueren die *Ulster* und richten uns an der Gabelung nach dem Wegweiser und dem grünen Tropfen. In südwestlicher Richtung wandern wir durch den Wald zum *Forsthaus Rothof,* dann mit schöner Fernsicht am Waldrand entlang. Bald weist ein Wegweiser rechts hinauf in den Laubwald. Den Biegungen des Wirtschaftsweges folgend, eine *Wegschranke* passierend, erreichen wir stetig bergaufgehend eine breite Gabelung. Hier halten wir uns links und wandern auf breitem Weg am idyllischen *Habelsee* vorbei. Bald nach rechts und auf einem Waldweg bergan. An der folgenden Gabelung rechts, dann links. Kurz vor Erreichen einer bereits sichtbaren breiten Forststraße spazieren wir nach rechts über einen weichen Pfad oberhalb der steil abbrechenden Basaltfelsen des *Habelsteins* (681 m) – eine Tafel ermahnt uns, den Weg im Naturschutzgebiet nicht zu verlassen – und erreichen eine *Unterstandhütte.*

Hier nach rechts und den bewachsenen Weg bergab. Gut markiert führt der Wanderweg über den Südhang des Habelberges zurück nach *Tann.*

(Foto: Ulrich Schnabel)

10 Von Tann nach Zella

Verkehrsmöglichkeiten Tann liegt an der B 278 im Ulstertal. Busverbindung Richtung Fulda und Ehrenberg/Wüstensachsen.
Parkmöglichkeiten Ortsmitte.
Wegmarkierungen Rundweg Nr. 5 bis Theobaldhof, roter Winkel bis kurz vor Andenhausen, dann ohne Markierung. Rotes Ei (offen) vom Horbel bis Andenhausen, Rundweg Nr. 5 zurück nach Tann.
Tourenlänge 23 Kilometer.
Wanderzeit 6 Stunden.
Höhenunterschiede Etwa 650 Höhenmeter.
Wanderkarte Ulstertal 1:35000.
Wissenswertes Die Probsteikirche Mariä Himmelfahrt in *Zella* gilt als eine der besten Barockbauten der Fuldaer Schule. Als

Architekt der zu Beginn des 18. Jahrhunderts errichteten dreiachsigen Saalkirche wird Balthasar Neumann vermutet. Das Probsteigebäude, ein vor allem durch die Innenausstattung beeindruckender Barockbau, stammt von 1718. Das Gebäude des heutigen Rhöngasthofs *Katzenstein* wurde von den Nationalsozialisten erbaut und zu DDR-Zeiten von der Staatssicherheit genutzt. (Zu *Tann* siehe Tour 9.)

Tourenbeschreibung Diese anspruchsvolle Wanderung, bei der große Steigungen zu bewältigen sind, führt durch das alte Grenzgebiet und beginnt am *Marktplatz* in *Tann.*

Über die *Marktstraße* an der *Post* vorbei zur *Katholischen Kirche.* An der Kirche rechts, dann links und am *Friedhof* entlang. Wir passieren einen Hof, wandern an der Ruhebank weiter geradeaus und folgen der Biegung des asphaltierten Weges. Zur Linken sehen wir eine Fabrik. Bald im kurzen Zickzack erst links, dann scharf rechts. Wir überschreiten den *Lauterbach* und halten uns an der folgenden Gabelung rechts. Stetig bergauf erreichen wir *Theobaldshof.*

Wir verlassen den Ort auf der *Rhönbergstraße,* folgen nun dem roten Winkel und biegen bei der Telefonzelle links ab in die Straße *An der Birke.* Am *Sportplatz* vorbei und durch die Flur erreichen wir, an einem Wäldchen vorrübergehend, die Verkehrsstraße und den ehemaligen Grenzübergang Theobaldhof – Andenhausen. Wir folgen vorsichtig der unruhigen Straße, der wir nur wenig ausweichen können, erreichen die Kreuzung am nördlichen Ortsende von *Andenhausen* und biegen links ab in die nach Zitters führende Straße. Vor dem Gehöft nach rechts (der rote Winkel führt weiter geradeaus) und in großem Bogen zum *Gasthof Katzenstein.* Tief ins Feldatal und weit bis zu den Höhen des Thüringer Waldes reicht der Blick.

Wir stoßen wieder auf die Verkehrsstraße, überqueren sie, gehen am *Gasthaus Berggarten* nach links, am *Friedhof* vorbei und biegen kurz vor Erreichen der Straße nach Empfertshausen links ab in den von alten Obstbäumen gesäumten Weg.

Wir erreichen wieder die Verkehrsstraße und überqueren sie Richtung Brunnhartshausen. In *Brunnhartshausen* stoßen wir auf einen Querweg, der links nach Steinberg führt. Wir gehen nach rechts und folgen an der Gabelung dem Wegweiser nach *Zella* zur weithin sichtbaren *Probsteikirche* mit ehemaligem Benediktinerkloster.

Die rote Kirchenfassade im Rücken wandern wir geradewegs bergab, am Querweg rechts, an der *Post* vorbei und am folgenden Querweg nach links zu Tal, überqueren die Verkehrsstraße und gelangen nach *Empfertshausen.* Über die *Hauptstraße,* um

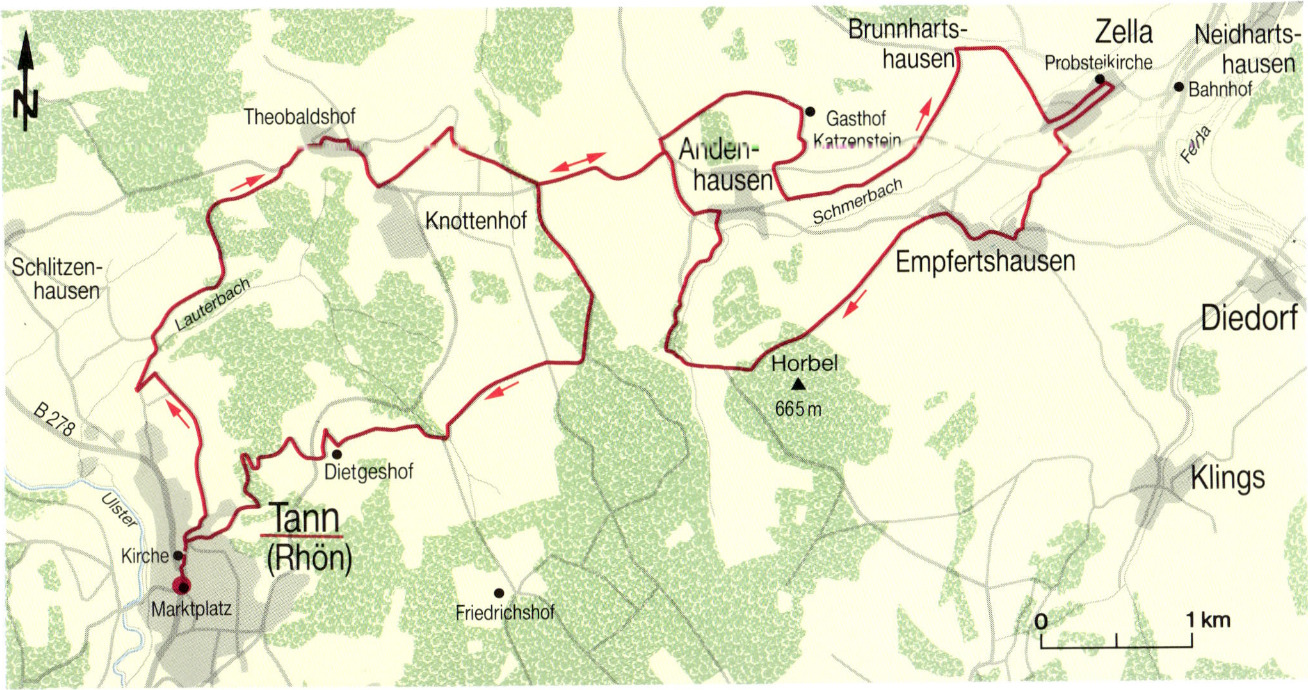
N
Theobaldshof
Knottenhof
Brunnharts-
hausen
Gasthof
Katzenstein
Anden-
hausen
Schmerbach
Zella
Probsteikirche
Neidharts-
hausen
Bahnhof
Felda
Schlitzen-
hausen
Lauterbach
Empfertshausen
Diedorf
Horbel
665 m
B 278
Dietgeshof
Tann
(Rhön)
Ulster
Kirche
Marktplatz
Friedrichshof
Klings
0
1 km

die *Kirche* herum, erreichen wir die Wegspinne am *Friedhof*. Hier links und weiter linkshaltend an der Schulsporthalle vorbei. Vorbei an einer Koppel, weiter geradeaus und hinauf in den Wald. Wir wandern am nordwestlichen Hang des *Horbel* (665 m) entlang und stoßen, wieder ins Freie tretend, auf unser neues Wegzeichen, das rote Ei (offen). Nun nach rechts und auf den Betonplatten des Patrouillenweges entlang der alten Grenze. Am *Wachtturm* vorbei, am Querweg rechts, bergab, vor dem Bachlauf wieder rechts und auf weichem Wiesenweg zur Landstraße am Ortsrand von Andenhausen. Hier links und hinauf zur bereits bekannten Verkehrsstraße. Links und wieder zurück zum alten Grenzübergang.

Auf dem *Parkplatz* in Höhe des Wäldchens nehmen wir den linken Weg und achten auf unser neues Wegzeichen: Rundweg Nr. 5. Wir wandern geradeaus und halten uns an der Lichtung links. Weiter auf weichem Waldweg, dann durch die Flur. Wir kreuzen einen asphaltierten Wirtschaftsweg. Geradeaus zu einem Fichtenwald.

Hinter dem Fichtenwald nach rechts. Bald biegen wir links ab Richtung Dietgeshof. Am Querweg vor dem Weiler rechts, dann nach links. Wir wandern durch *Dietgeshof*, queren die Verkehrsstraße und gehen an der *Bushaltestelle* vorbei. Der Rundweg Nr. 5 ist nun gut markiert und schlängelt sich auf reizvollen Wegen hinab nach *Tann*.

11 Von Dermbach nach Zella

Verkehrsmöglichkeiten Dermbach liegt westlich der Felda an der B 285 zwischen Kaltennordheim und Stadtlengsfeld. Bahnverbindung auf der Strecke Kaltennordheim – Dorndorf.
Parkmöglichkeiten Im Ort.
Wegmarkierungen Keine durchgehende Markierung: Rundweg Nr. 1 ab Fatimakapelle, zeitweise roter Winkel, dann rotes Band des Rhönwanderweges Bad Salzungen – Meiningen.
Tourenlänge 15 Kilometer.
Wanderzeit 4½ Stunden.
Höhenunterschiede Etwa 600 Höhenmeter.
Wanderkarte Bad Salzungen 1:50000.
Wissenswertes In *Dermbach* befindet sich das Thüringische Museum für die Rhön. Sehenswert ist die barocke evangelische Kirche mit Säulenportalen an der Südseite und spätgotischem

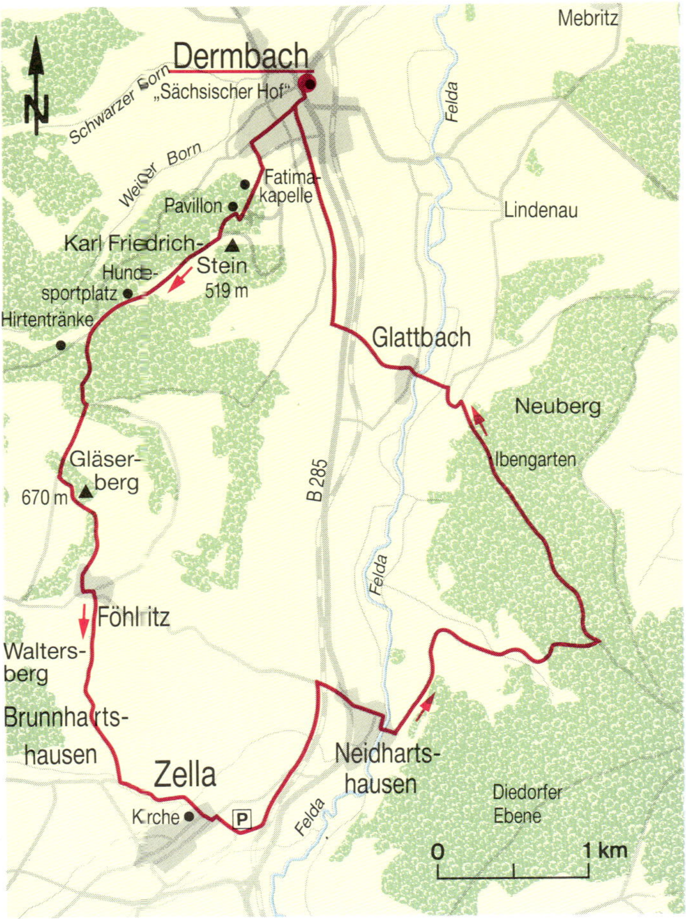

Abendmahlsrelief sowie die von Andrea Gallasini erbaute katholische Kirche, eine Barockkirche mit reicher Ostfassade, Wappenportal und mächtigem Hochaltar. Das Gasthaus Sächsischer Hof von 1623, eines der schönsten Fachwerkhäuser des Feldatals, verfügt seit 1708 über die Schankrechte.

Östlich von Glattbach befindet sich das Naturdenkmal *Ibengarten,* ein großer Bestand an heute sehr gefährdeten Eiben. Die bis zu tausend Jahre alten Bäume wurden im Mittelalter kultiviert. Aus ihrem elastischen Holz stellte man Bögen her. Die Wege im Naturschutzgebiet Ibengarten dürfen nicht verlassen werden. (Zu *Zella* siehe Tour 10.)

Tourenbeschreibung Am Gasthaus *Sächsischer Hof* im Ortskern informiert eine Wandertafel. Auf dem Bürgersteig der B 285 wandern wir Richtung Kaltennordheim. Hinter der *Post* nach rechts in die *Ernst-Thälmann-Straße.* Am Querweg bei den letzten Häusern nach links in die *Schützenstraße* und auf holprigem Weg bergauf. An Schrebergärten vorbei und hinauf zur *Fatimakapelle* (1953). Nun über die steile Wiese zum sichtbaren *Pavillon.* Der Blick schweift über das Feldatal bis hin zum Thüringer Wald.

Vom *Pavillon* über den Wiesenweg mit der Nr. 1 und dem roten Winkel (gegen die Spitze). Bald passieren wir den *Hundesportplatz.* Ein Wegweiser gibt die Entfernung zur Hirtentränke mit einem Kilometer an. Kurz vor dem Rastplatz Hirtentränke stoßen wir auf einen Querweg. Hier links und an der folgenden Gabelung rechts. Wir folgen dem Schild Gläserberg auf einem Forstweg bergauf. Wir sind fast auf der Höhe, biegen links ab und stehen nach etwa anderthalb Kilometern auf dem aussichtsreichen *Gläserberg* (670 m). Am Gipfelkreuz haben wir stolze 330 Meter Höhenunterschied bewältigt. Tief unten sehen wir das Ziel, die Propsteikirche von Zella.

Am Gipfelkreuz nach rechts, bald nach links und an der Gabelung nach rechts. Mit dem roten Winkel und der Nr. 1 steil bergab nach *Föhlritz.* Linkshaltend in den Ort, an der *Telefonzelle* rechts hinab und über die ruhige Landstraße nach *Brunnhartshausen.*

In *Brunnhartshausen* biegen wir unterhalb des Friedhofs links ab um die Verkehrsstraße zu meiden und wandern durch die Flur zur *Kirche* von *Zella.*

Das Kirchenportal im Rücken wenden wir uns Richtung B 285 zu Tal. Am *Bahnhof* nach links und am Schienenstrang entlang auf unebenem Feld- und Wiesenweg. Am Überlandwerk vorbei und bald nach rechts. Wir unterqueren die Eisenbahn, überqueren die Bundesstraße und sind in *Neidhartshausen.*

Unmittelbar vor der *Kirche* in *Neidhartshausen* nach rechts, über die *Felda* und am leicht zu übersehenden *Friedhof* nach links. An der Gabelung, wo sich unser breiter Weg nach links leicht bergab neigt, gehen wir in die Rechtskurve und wandern am Waldrand auf weichem Weg, bis sich der Blick zur Linken völlig auf das weite Wiesental öffnet. Nun geradeaus in den Wald. An der Gabelung halten wir uns rechts. An einer Wiesenfläche mit plätscherndem Bach folgen wir dem Weg in der Rechtskurve und wandern stetig bergauf in östlicher Richtung durch den Laubwald. Auf der Höhe erreichen wir einen breiten Forstweg. Hier verläuft der Rhönwanderweg (rotes Band). Er führt uns zum *Ibengarten*. Hier hielt sich angeblich der legendäre Räuber Rhönpaulus versteckt. Am *Neuberg* vorbei und durch *Glattbach* zur B 285. Der Rhönwanderweg verläuft nun neben der stark befahrenen Bundesstraße. Am Bahndamm entlang können wir etwas ausweichen und erreichen wieder *Dermbach*.

12 Rund um Zillbach

Verkehrsmöglichkeiten Zillbach, Gemeinde Schwallungen, liegt wenige Kilometer südwestlich von Wernshausen. Sehr dünne Busverbindung mit Wernshausen und Schmalkalden.
Parkmöglichkeiten Im Ort.
Wegmarkierungen Keine durchgehende Markierung.
Tourenlänge 13 Kilometer.
Wanderzeit 3 Stunden.
Höhenunterschiede Etwa 190 Höhenmeter.
Wanderkarte Schmalkalden und Umgebung 1:50000.
Anmerkung Der Weg zu *Zehn Buchen* ist im Wald vielfältig, aber nicht durchgehend ausgeschildert. Geübte Wanderer, die die Landstraße von Schwallungen nach Zillbach meiden wollen, können am Windenhof in den Wald hinaufsteigen, sich am Tal des Zillbaches orientieren und auf unmarkierten und recht beschwerlichen Wegen zurückwandern.
Wissenswertes Bekannt geworden ist der kleine Ort mit den herrlichen Fachwerkhäusern durch den 1763 geborenen Johann Heinrich Cotta. Der Revierförster in *Zillbach* erwirkte bei Herzog Carl-August von Sachsen-Weimar-Eisenach die Erlaubnis zur Gründung seiner privaten Forstlehranstalt, die später Weltgeltung erlangte. Ihm verdanken wir die Cotta-Plantage, einen forstbotanischen Garten mit zwanzig Baumarten. Ein Lehrpfad über einen Kilometer Länge führt vom Heinrich-Cotta-Haus mit dem Landeskulturellen Kabinett zum Botanischen Garten. Für Cotta ist 1983 ein Gedenk- und Traditionszimmer in Zillbach eingerichtet worden. Der Ort wurde 1780 auch vom vielgereisten Goethe besucht.
Tourenbeschreibung An der *Bushaltestelle* nahe dem *Heinrich-Cotta-Platz* gibt ein Wegweiser die Entfernung zu »Zehn Buchen« mit zweieinhalb Kilometern an. In südwestlicher Richtung verlassen wir den Ort. Wir wandern am *Friedhof* vorbei, bleiben auf der Asphaltstraße, halten uns immer geradeaus, passieren eine *Freizeitanlage* und erreichen nach etwa zwei Kilometern

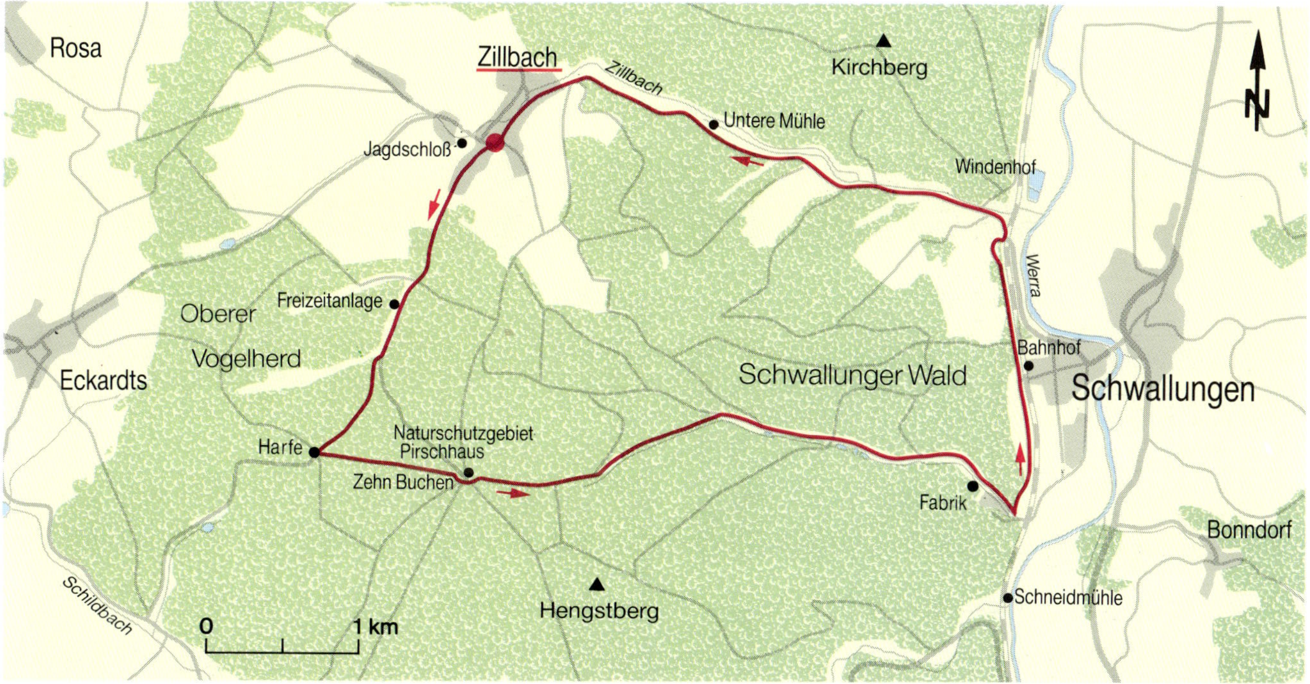
Rosa
Zillbach
Zillbach
Kirchberg
Untere Mühle
Jagdschloß
Windenhof
Freizeitanlage
Oberer
Vogelherd
Eckardts
Werra
Bahnhof
Schwallunger Wald
Schwallungen
N
Harfe
Naturschutzgebiet
Pirschhaus
Zehn Buchen
Fabrik
Bonndorf
Schneidmühle
Hengstberg
Schildbach
0
1 km

die *Harfe,* eine Kreuzung mit einer kleinen umzäunten Grünanlage in ihrer Mitte. Hier scharf links und hinauf zu *Zehn Buchen,* einer idyllischen grünen Insel mit einem kleinen *Pirschhaus.* – Wir wandern in bisheriger Richtung weiter. An einer bereits sichtbaren *Hütte* vorbei zieht sich der breite Forstweg zu Tal. Bachläufe, Wiesenflächen und ein stiller See prägen den Weg. Dann überrascht eine moderne Fabrikanlage, die *Abdekkerei.* Nun haben wir in Kürze die Eisenbahnlinie erreicht. Vor den Schienen links, am Schienenstrang entlang, vorbei am *Bahnhof* von Schwallungen, nähern wir uns dem Lauf der Werra. Der Weg zieht nun nach links von den Schienen weg steil hinauf in den Wald. Wir folgen dem Lauf des heraufschimmernden Flusses. Beim *Windenhof* geht es in kurzem Zickzack bergab zur Verkehrsstraße von Schwallungen nach Zillbach. Wir halten uns links und folgen der ruhigen Landstraße am *Zillbach* entlang zurück zum Ausgangspunkt.

13 Rund um Kaltennordheim

Verkehrsmöglichkeiten Kaltennordheim liegt an der B 285 zwischen Dernbach und Fladungen. Bahnverbindung auf der Strecke Kaltennordheim – Dorndorf.
Parkmöglichkeiten Am Bahnhof.
Wegmarkierungen Grüner Balken, rotes Dreieck (HWO 2).
Tourenlänge 12 Kilometer. **Wanderzeit** 3 Stunden.
Höhenunterschiede Etwa 250 Höhenmeter.
Wanderkarte Bad Salzungen 1:50000.
Wissenswertes Die alte Stadt *Kaltennordheim* ist das kulturelle und wirtschaftliche Zentrum der Thüringischen Rhön. Auf den Mauern der 1534 zerstörten Meerlinsburg wurde das heutige Amtshaus, auch Schloß genannt, errichtet.

Der Basalt des *Umpfen* wurde schon von den Kelten genutzt. Sie erbauten eine Fliehburg, die sich vom Umpfen bis zur Felda erstreckte.

Tourenbeschreibung Vom *Bahnhofsvorplatz* Richtung Stadt und noch vor der Felda nach rechts in einen holprigen Weg. Wir wandern zwischen Felda und Gleisen, überqueren die *Felda,* stoßen auf einen Asphaltweg, folgen ihm nach rechts und überqueren die *Felda* ein zweites Mal. Gleich nach links und dem grünen Balken des Rundwanderweges folgend über die Brücke und auf dem Betonplattenweg geradeaus hinauf in den Wald.

Umpfenberg
Windberg
N
Freizeitanlage
Schleif-Mühle
Einöds-Mühle
Ergel
Kalten-
lengsfeld
Oepfershausen
Hahnberg
Felda
Volkenberg
Pilzberatungs-
stelle
Teich
Bahnhof
Kalten-
nordheim
Röder- holz
H ö h n
Kilians-Mühle
H a r d t
570 m
Gretiberg
Hügelgrab
Felda
Erbs-Mühle
Mittelsdorf
Lotte
0
1 km
B 285
Kaltensundheim
Wünschberg
Oberkatz

Am Querweg rechts und am Berghang des Umpfen (701 m) entlang bis zu einer *Freizeitanlage.*

Oberhalb der Freizeitanlage folgen wir der Rechtskurve des breiten Weges. An der folgenden Gabelung rechts. Wir erreichen ein kleines *Haus* mit tief herabgezogenem Dach, wenden uns links hinauf in den Wald und folgen dem breiten Weg rechtshaltend. Er scheint sich zu verlieren, führt aber gleich wieder gut markiert am Hang entlang. Wir treten aus dem Wald, wandern durch eine Siedlung von *Wochenendhäusern* und kreuzen auf der Höhe den Rhönwanderweg (roter Balken).

Hier rechts hinab. An der *Pilzberatungsstelle* und einem *Teich* vorbei hinunter zur Verkehrsstraße nach Kaltenlengsfeld. Hier rechts und auf der Verkehrsstraße bis zur Abzweigung nach Kaltennordheim. Wir wenden uns nun nach links in den Wald, biegen nach etwa 30 Metern rechts ab und folgen dem Lauf des *Stillbachs.* An einer Kreuzung sehen wir linker Hand eine Wiese. Hier nach rechts. Wir treffen auf einen breiten Querweg und folgen nun dem roten Dreieck gegen die Spitze nach rechts. Mit etwas Aufmerksamkeit entdecken wir am linken Wegrand ein zerstörtes *Hügelgrab.* Hier links.

Wir überqueren die nach Kaltenlengsfeld führende Verkehrsstraße und wandern geradewegs zum *Gretiberg* (570 m). Hier kreuzen sich der Rhönwanderweg, der Rundwanderweg und der HWO 2. Wir folgen dem roten Dreieck des HWO 2 (gegen die Spitze) am Waldrand entlang, dann bergab zur B 285. Wir folgen der Bundesstraße, passieren das Wohnhaus des Rhöndichters Andreas Fack und erreichen wieder den *Bahnhof* von *Kaltennordheim.*

14 Rund um Bauerbach

Verkehrsmöglichkeiten Bauerbach liegt etwa vierzehn Kilometer südlich von Meiningen. Über die B 19 bis Henneberg, dann östlich abzweigend nach Bauerbach. Busverbindung über Ritschenhausen und Sülzfeld mit Meiningen.
Parkmöglichkeiten Im Ort.
Wegmarkierungen Rotes Dreieck (gegen die Spitze) von Bauerbach bis Haselbach, dann ohne Markierung. Ab Amalienruhe grüner Winkel.
Tourenlänge 16 Kilometer.
Wanderzeit 4 Stunden.

Zu Tour 14, 47 **Bauerbach, Schillerhaus** (Foto: Michael Walke)

Höhenunterschiede Etwa 330 Höhenmeter.
Wanderkarte Landkreis Meiningen 1:50000.
Wissenswertes Schiller hatte sich nach seiner Flucht aus Württemberg 1782/83 in *Bauerbach* auf dem Wolzogen'schen Gut als Dr. Ritter verborgen gehalten. Hier vollendete er das bürgerliche Trauerspiel Kabale und Liebe. Im Gutshaus, heute als Schillerhaus bekannt, können wir die Schiller-Gedenkstätte besichtigen. Der Dichter verkehrte gerne in der Gaststätte »Zum braunen Roß«.

Henneberg wurde 1096 erstmals urkundlich erwähnt. Der ungewöhnliche Fachwerkbau der Sankt-Jakobs-Kirche stammt aus dem 16. Jahrhundert. Die Ruine Henneberg war Stammburg des 1583 ausgestorbenen Henneberger Adelsgeschlechts. Die Burg wurde im Bauernkrieg 1525 zerstört. Die *Fasanerie* wurde von Herzog Georg I. 1780 als Jagd- und Sommerhaus erbaut. In *Sülzfeld* können wir das 700 Jahre alte Pachterhaus besichtigen, ein herrliches Fachwerkgebäude.

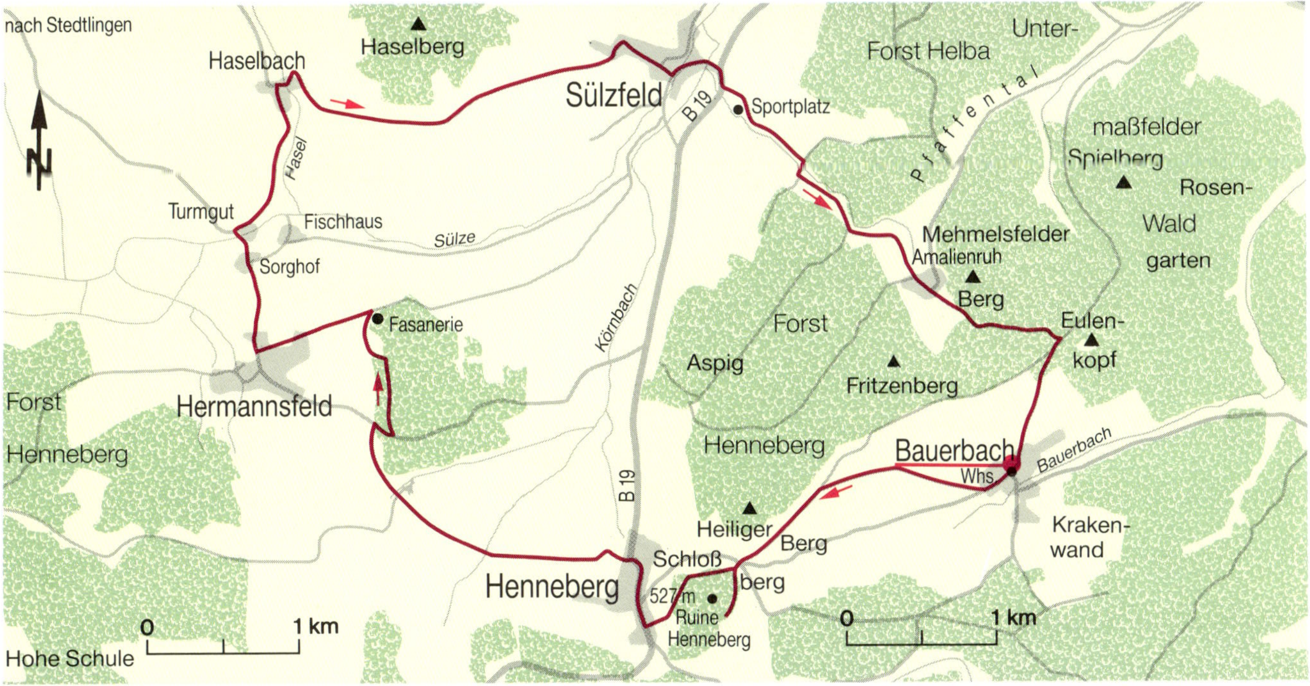

nach Stedtlingen
Haselbach
Haselberg
Sülzfeld
B 19
Sportplatz
Unter-
Forst Helba
Pfaffental
maßfelder
Spielberg
Rosen-
Wald
garten
Hasel
Turmgut
Fischhaus
Sülze
Sorghof
Mehmelsfelder
Amalienruh
Berg
Fasanerie
Forst
Aspig
Körnbach
Eulen-
kopf
Fritzenberg
Forst
Henneberg
Hermannsfeld
Henneberg
Bauerbach
Whs
Bauerbach
B 19
Heiliger
Berg
Kraken-
wand
Schloß
berg
Henneberg
527 m
Ruine
Henneberg
0
1 km
Hohe Schule
0
1 km

Tourenbeschreibung Von der Gaststätte *Zum braunen Roß* Richtung Henneberg. Wir spazieren am *Schillerhaus* vorbei und biegen am Ortsausgang rechts ab. Der gut markierte Wanderweg umgeht die Verkehrsstraße von Bauerbach nach Henneberg in weitem Bogen und führt über eine Wiese wieder zu ihr hinab. Wir überqueren die Straße und steigen steil – im letzten Wegstück auf unmarkiertem schmalem Pfad – zur *Burgruine* hinauf. Ein breiter Forstweg, nun wieder gut markiert, führt uns nach *Henneberg*.

Wir erreichen den Ort über den *Burgweg* und folgen der Verkehrsstraße nach rechts Richtung Meiningen, biegen beim *Brunnen* an der Telefonzelle links ab, dann rechts in die Straße *Lehmhof* und überqueren die Verkehrsstraße. Nach einer längeren Wanderung auf asphaltiertem Weg stoßen wir auf die Straße von Hermannsfeld zur B 19, halten uns rechts und biegen nach wenigen Metern links ab zur *Fasanerie*.

Von der *Fasanerie* wandern wir über die Felder nach *Hermannsfeld*. Im Ort halten wir uns rechts und verlassen ihn auf

Zu Tour 14 **Sülzfeld, Dorfkirche** (Foto: Michael Walke)

der Verkehrsstraße Richtung Stedtlingen. Am Ortsausgang von *Sorghof* rechts Richtung Haselbach. Am Dorfbrunnen in *Haselbach* nach rechts und nun ohne Markierung auf einem Asphaltweg durch die Felder nach *Sülzfeld.* Wir erreichen den Ort auf der *Schulstraße,* kommen über die *Dorfstraße* zur Wandertafel an der *Telefonzelle,* überqueren die B 19 und passieren den *Sportplatz.* Ein Schild gibt die Entfernung nach *Amalienruhe* mit 1,8 Kilometern an. Wir passieren die verlassen auf der Höhe liegende ehemalige Sommerresidenz, treffen auf den von Meiningen heraufkommenden Schillerweg (grüner Winkel) und steigen in den Wald hinauf. Hinter der Höhe wendet sich der Wanderweg nach rechts und führt bergab nach *Bauerbach.*

15 Rund um Hofbieber

Verkehrsmöglichkeiten Hofbieber erreicht man von Fulda über Petersberg und Margaretenhaun. Busverbindung auf den Strecken Fulda – Tann und Fulda – Hilders.
Parkmöglichkeiten An der Post.
Wegmarkierungen Schwarzes Dreieck (offen) bis Langenberg, grünes Dreieck bis kurz vor Bahnhof Bieberstein, schwarzes Ei (gegen die Spitze) bis Hofbieber.
Tourenlänge 16 Kilometer.
Wanderzeit 4 Stunden.
Höhenunterschiede Etwa 340 Höhenmeter.
Wanderkarte Naturpark Rhön 1:50000, Nordblatt.
Wissenswertes Die *Hessenliede* ist ein Wald mit außergewöhnlicher Pflanzenvielfalt. *Schloß Bieberstein,* Gemeinde Hofbieber, hat seinen Ursprung in einer fuldischen Burg aus dem 12. Jahrhundert. Das Schloß wird seit 1904 als Gymnasium mit Internat genutzt.
Tourenbeschreibung Von der *Post* zur *Bushaltestelle.* Von der Straße *Am Lindenplatz* kurz auf die *Fuldaer Straße,* dann links in die *Morleser Straße* und hinaus aus der Stadt. Am Ortsende rechts ab und auf der Verkehrsstraße bis kurz vor Egelmes.

Wir folgen dem schwarzen Dreieck nach links in den Wirtschaftsweg, biegen bald rechts ab und wandern durchs Nässetal, überqueren die *Nässe* und steigen steil hinauf in den Wald. Auf der Höhe queren wir einen Forstweg und erreichen eine breite Kreuzung. Wir spazieren bergab über die Kreuzung hinweg. Nun nach rechts und etwa 100 Meter bergan am Fichtenwald

Wolfstannen
Schwarzes Kreuz
Schwarzbach
Ulrichshauk
Rödergrund
Arnsberg
Sandberg
Sandberg
Langenberg
K 28
Obergruben
Allmus
Farrod
Nässe
Melmesberg
Egelmes
Golf-
Hofberg
platz
Hofbieber
Weihershof
Wittges
Halig
Hahnershof
Schweins-
berg
Hessen-
liede
Niederbieber
Schnurberg
Kugel-
berg
Elters
Nässe
Hügelgräber
Bieber
Langenbieber
Schloß
Bieberstein
NSG
Bieberstein
0
1 km

entlang. Dann nach links und steil hinauf zum *Schwarzen Kreuz*. Hier nach rechts auf breitem Forstweg Richtung Langenberg. An der nächsten Wegkreuzung wieder nach rechts, aber bald nach links und hinunter zur Verkehrsstraße.

Wir überqueren die Verkehrsstraße und tauchen auf breitem Forstweg wieder in den Wald. An der Gabelung rechts, dann geradeaus auf die Höhe. Hier links und geradewegs zur Siedlung *Sandberg*.

Wir folgen der Verkehrsstraße kurz nach links, biegen rechts ab und wandern auf der Landstraße nach *Langenberg*. Hinter dem Ortsschild nach rechts. Das grüne Dreieck führt uns auf der Asphaltstraße am *Hahnershof* vorbei und an der folgenden Kreuzung auf einem Feldweg rechts zu Tal. Im Linksbogen erreichen wir wieder die Asphaltstraße, biegen aber gleich wieder links ab und wandern nach *Elters* hinab.

Wir verlassen *Elters* auf der *Steenser Straße* Richtung Langenbieber und biegen hinter der Bahnunterführung sofort rechts ab. Geradeaus und durch den Wald. Wir erreichen die *Bahngleise* wieder kurz vor dem stillgelegten Bahnhof Bieberstein.

Wir überqueren die Gleise und folgen nun dem schwarzen Ei (gegen die Spitze) über die Verkehrsstraße schräg hinweg und auf schmalem Weg bergauf in den Wald zum *Schloß Bieberstein*. Dem schwarzen Ei und dem Rundweg Nr. 2 folgend spazieren wir am Rand der *Hessenliede* zurück nach *Hofbieber*.

16 Von Hofbieber durch die Hessenliede zum Schloß Bieberstein

Verkehrsmöglichkeiten Hofbieber erreicht man von Fulda über Petersberg – Dipperz oder Almendorf – Allmus. Busverbindung auf der Strecke Fulda – Hofbieber – Tann und Fulda – Hofbieber – Hilders.

Parkmöglichkeiten An der Post in der Ortsmitte.

Wegmarkierungen Bis Schloß Bieberstein schwarzes Ei. Bis Hofbieber Rundweg Nr. 2.

Tourenlänge 3,5 Kilometer.

Wanderzeit 1 Stunde.

Höhenunterschiede Etwa 100 Höhenmeter.

Wanderkarte Naturpark Rhön 1:50000, Nordblatt.

Wissenswertes Siehe Tour 15.

Tourenbeschreibung Über den *Biebersteiner Weg* oberhalb der Kirche verlassen wir dem schwarzen Tropfen folgend in südli-

cher Richtung den Ort. Zwischen Waldrand und Feld zieht sich der Weg langsam in die Höhe. An einer Schranke vorbei tauchen wir in den Buchenwald, passieren ein Sportgelände und erreichen *Schloß Bieberstein* auf der Höhe.

Wir halten uns links und folgen der Fahrstraße etwa 350 Meter bergab. Wieder nach links, nun dem Rundweg Nr. 2 folgend, erreichen wir eine Wegspinne. Hier geradeaus, bald nach links den breiten Weg verlassend und auf etwas unwegsamem Pfad durch den schattigen Laubwald zurück nach *Hofbieber.*

17 Von Kleinsassen zur Milseburg

Verkehrsmöglichkeiten Kleinsassen, Gemeinde Hofbieber, liegt am Fuß der Milseburg etwa 16 Kilometer östlich von Fulda. Dünne Busverbindung auf der Strecke Fulda – Hofbieber/Schackau.
Parkmöglichkeiten Im Ort oder auf dem Wanderparkplatz im Biebertal am Rand des beschriebenen Weges.
Wegmarkierungen Schwarzes Dreieck bis Milseburg, rotes Dreieck des HWO 3 (gegen die Spitze) bis ins Biebertal, Rundweg Nr. 2 bis Kleinsassen.
Tourenlänge 6,5 Kilometer.
Wanderzeit 2 Stunden.
Höhenunterschiede Etwa 380 Höhenmeter.

Wanderkarte Naturpark Rhön 1:50000, Nordblatt.
Wissenswertes Das Künstlerdorf *Kleinsassen* steht in der Tradition der Malerkolonie um Julius von Kreyfeld, die sich nach dem 1. Weltkrieg bildete. In der Kunststation finden vielfältige Ausstellungen, Kurse und Seminare statt. (Zur Milseburg siehe Tour 40.)
Anmerkung Die Wanderung führt über eine unwegsame Steinhalde, die sogenannte Kniebreche und sollte nur von geübten Wanderern gegangen werden.
Tourenbeschreibung Wir verlassen *Kleinsassen* über die *Biebertalstraße* und die Straße *Alter Weg.* An der Weggabel hinter dem letzten Haus nach links. Die Route ist gut mit dem schwarzen Dreieck markiert und führt zu Beginn recht bequem durch die Felder, dann aber steil hinauf in den Wald. Nach etlichen Windungen biegen wir in einen schmalen Pfad. Er führt bergauf und kreuzt an einer *Unterstandhütte* einen breiten Weg. Äußerst steil steigen wir nun über die Wacken im urwüchsigen Wald am Westhang der Milseburg empor. Endlich erreichen wir eine *Ruhebank,* die einen grandiosen Blick ins Tal erlaubt.

Wir folgen dem Wegweiser *Prähistorischer Wanderpfad* zum *Gangolfsborn,* dem eine heiltätige Wirkung zugeschrieben wird. Der heilige Gangolf – so die Legende – soll die Quelle in seinem Sacktuch von Fulda herbeigetragen haben. Weiter bergauf erreichen wir die Station *Sakraler Bezirk.* An der bewirtschafteten

Zu Tour 17, 40, 65 **Hilders, Milseburg (835 m) von der Südwestseite**
(Foto: Verkehrsamt der Marktgemeinde Hilders)

Schutzhütte und der *Kapelle* vorbei ersteigen wir den Gipfel und blicken weit ins Land.

Beim Abstieg folgen wir dem Roten Dreieck des HWO 3. Stets bergab, am *Gänseborn* vorbei, über eine Wiese hinweg, wieder in den Wald, erreichen wir im Tal einen breiten Wirtschaftsweg. Hier nach rechts und mit der Markierung des Rundwanderweges Nr. 2 durch das *Biebertal* zurück nach *Kleinsassen*.

18 Von Poppenhausen über den Wachtküppel zur Ebersburg

Verkehrsmöglichkeiten Der Luftkurort Poppenhausen liegt am Fuß der Wasserkuppe. A 7 Ausfahrt Fulda-Süd Richtung Lütter – Weyhers. Von Fulda über die B 458 und dann südlich auf den Hochrhönring abzweigend. Busverbindung auf der Strecke Fulda – Poppenhausen – Wasserkuppe – Hilders.
Parkmöglichkeiten An der Kirche.
Wegmarkierungen Gelber Winkel bis Wachtküppel, gelbes Ei bis Ebersburg, rotes Dreieck bis Poppenhausen.
Tourenlänge 8 Kilometer.
Wanderzeit 2 Stunden.
Höhenunterschiede Etwa 320 Höhenmeter.
Wanderkarte Naturpark Rhön 1:50000, Nordblatt.
Wissenswertes Auf dem *Ebersberg*, mit 688 Metern die höchste Erhebung zwischen Fulda und dem Kamm der Rhön, finden

wir neben der *Ebersburg* noch die Reste einer prähistorischen Wallanlage. Die *Burg* war Stammsitz der Herren von Ebersburg. Sie wurde mehrmals zerstört und wieder aufgebaut, ist seit dem 18. Jahrhundert aber dem Verfall preisgegeben. Der südliche Turm ist begehbar und gewährt eine herrliche Rundsicht auf die Hochrhön mit Wasserkuppe, Eube und Pferdskopf.

Der *Wachtküppel* (706 m) war ein vorgeschobener Wachtposten der Burg.

Tourenbeschreibung Vom *Marktplatz* mit dem gelben Winkel hinunter auf die *Georgstraße* Richtung Gersfeld. Am Ortsausgang nach links in den *Heerweg.* Am Schuppen rechts hinauf in den Wald. Am *Waldhaus* nach rechts. Am Querweg nach links und in sehr steilem Aufstieg geradewegs auf die Höhe.

Auf der Höhe nach rechts und am Fuß des *Wachtküppels* entlang. Ein Aufstieg lohnt sich allein wegen des herrlichen Rundblicks. Wir sehen unser nächstes Ziel, die Ebersburg.

Wir richten uns nun nach dem gelben Ei, passieren *Waldgasthof* und *Steinbruch,* überqueren die Landstraße und kommen zum Weiler *Rabennest,* indem wir der Verkehrsstraße folgen. Am *Berghotel* vorbei zu einer Sitzgruppe am Fuß der *Ebersburg,* die wir nun in wenigen Minuten erreichen.

Wir steigen von der Ruine hinab, halten uns an der Sitzgruppe links und wandern steil bergab nach *Neuwart.* An der Weggabelung im Ort finden wir auf dem Laternenpfahl unser neues Wegzeichen, das rote Dreieck des Hauptwanderwegs Nr. 4. Der Rückweg ist gut markiert und führt durch Feld und Wald zurück nach *Poppenhausen.*

Zu Tour 18 **Ebersburg** (Foto: Kurverwaltung Gersfeld/Rhön)

19 Von Poppenhausen über die Steinwand zur Maulkuppe

Verkehrsmöglichkeiten Der Luftkurort Poppenhausen liegt am Fuß der Wasserkuppe. A 7 Ausfahrt Fulda-Süd Richtung Lütter – Weyhers. Von Fulda über die B 458 und dann südlich auf den Hochrhönring abzweigend. Busverbindung auf der Strecke Fulda – Poppenhausen – Wasserkuppe – Hilders.
Parkmöglichkeiten An der Kirche.
Wegmarkierungen Bis Steinwand schwarzes Ei, rotes Dreieck bis Eselsbrunn, blaues FH bis Hintereselsbrunn, schwarzes Dreieck (offen, gegen die Spitze) bis Poppenhausen.
Tourenlänge 14 Kilometer.
Wanderzeit 3½ Stunden.
Höhenunterschiede Etwa 320 Höhenmeter.
Wanderkarte Naturpark Rhön 1:50000, Nordblatt.

Zu Tour 18 **Gersfeld/Rhön, Wachtküppel** (Foto: Kurverwaltung Gersfeld/Rhön)

Wissenswertes Das *Fuldaer Haus* an der Maulkuppe (706 m), ein markanter Rundbau, wurde 1926 erbaut. Zur *Steinwand* siehe Tour 41.

Anmerkung Wer nur die Teilstrecke bis zur Steinwand wandern möchte, kann an der Straßenkreuzung nahe dem Ortsteil Steinwand mit dem Bus nach Poppenhausen bzw. Fulda zurückfahren.

Tourenbeschreibung Mit der Markierung schwarzer Tropfen verlassen wir den *Marktplatz* über den *Torweg*. Über den *Hochrhönring* Richtung Steinwand. Hinter der *Post* nach links. Hinter dem *Grashof* nach rechts und auf einem Wirtschaftsweg über die Hochfläche. Wir verlassen die Asphaltstraße und wandern über einen baum- und heckengesäumten Weg. Weiter geradeaus, an einem Wäldchen vorbei, über eine Asphaltstraße hinweg, dann nach rechts, durch ein Gehölz und hinab zur B 458.

Wir folgen der Bundesstraße etwa 100 Meter nach links und wenden uns dann rechts hinauf in den Wald. Am Querweg links, nach etwa 100 Metern rechts, steil hinauf und auf schmalem Pfad an der *Steinwand* entlang zum gleichnamigen *Gasthaus*.

Vom Gasthaus wandern wir auf der Straße dem roten Dreieck des Hauptwanderwegs Nr. 3 und dem blauen Andreaskreuz des Fernwanderweges Atlantik – Ardennen – Böhmerwald folgend hinauf zum *Fuldaer Haus* an der *Maulkuppe* (706 m).

Weiter bis kurz vor *Eselsbrunn.* Hier verläßt uns das rote Dreieck nach links. Wir wandern mit dem blauen FH geradeaus bis *Hintereselsbrunn.* Hier folgen wir dem Schild Teufelsstein und dem schwarzen Dreieck (offen, gegen die Spitze) nach rechts. Unser Weg führt am Teufelsstein vorbei. Ein Abstecher zu dem Phonolithberg (729 m) lohnt sich wegen der schönen Aussicht.

Der weitere Wegeverlauf ist gut markiert, führt beim *Weiler Mittelberg* die B 458 kreuzend zu Tal und folgt auf schmalem Pfad dem Lauf des Scheppenbaches. Über den *Hochrhönring* erreichen wir wieder *Poppenhausen.*

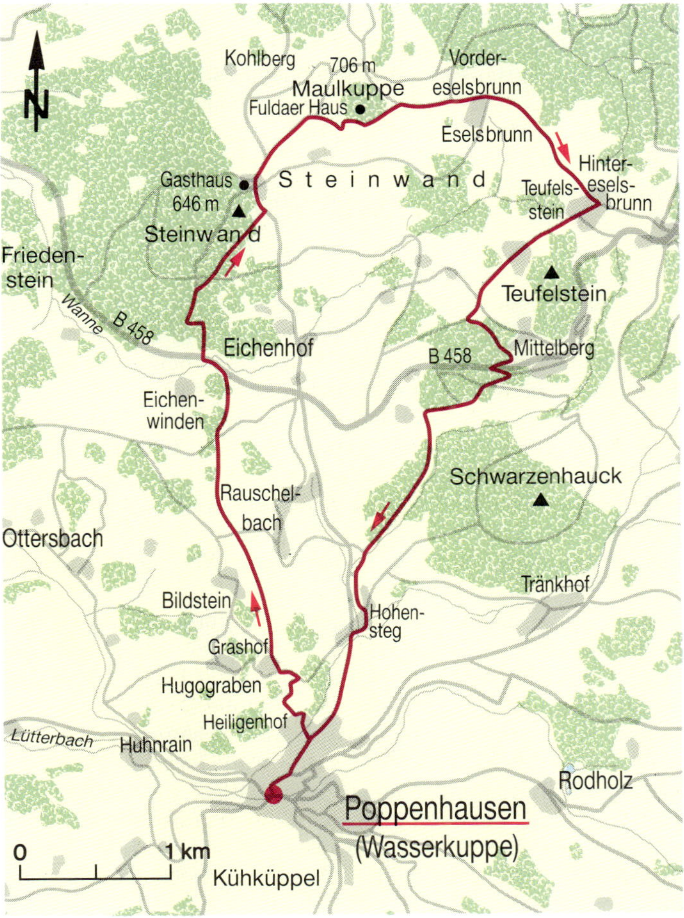

20 Von Poppenhausen zur Wasserkuppe

Verkehrsmöglichkeiten Der Luftkurort Poppenhausen liegt am Fuß der Wasserkuppe. A 7 Ausfahrt Fulda-Süd Richtung Lütter – Weyhers. Von Fulda über die B 458 und dann südlich auf den Hochrhönring abzweigend. Busverbindung auf der Strecke Fulda – Poppenhausen – Wasserkuppe – Hilders.
Parkmöglichkeiten An der Kirche.
Wegmarkierungen Rotes Dreieck bis Wasserkuppe, gelbes Dreieck (offen gegen die Spitze) bis Poppenhausen.
Tourenlänge 14,5 Kilometer.
Wanderzeit 4½ Stunden.
Höhenunterschiede Etwa 530 Höhenmeter.
Wanderkarte Naturpark Rhön 1:50000, Nordblatt.
Wissenswertes Zur *Wasserkuppe* siehe Tour 42.
Tourenbeschreibung Vom *Marktplatz* über den *Torweg,* den *von-Steinrück-Platz* und den *Ludwig-Nüdling-Weg* auf die Landstraße Richtung Tränkhof. Wir folgen dem roten Dreieck (Hauptwanderweg West-Ost Nr. 4), passieren den Friedhof, biegen rechts ab und wandern am *Sportplatz* vorbei dem Bachlauf folgend bis zu einem Gehölz.

Der Weg wendet sich links den Hang hinauf. Auf der Höhe nach rechts in Richtung Heckenhöfchen. Wir überqueren die Kreisstraße Gersfeld – Abstroda, folgen dem bewachsenen Weg bergauf in den Wald und überqueren einen Bach.

Bei der eiszeitlichen *Firneismulde* folgen wir der Wegbiegung nach links und queren wieder einen Bachlauf. Bald wendet sich der breite Weg nach rechts, wir aber folgen dem roten Dreieck über den schmalen, mittleren Weg bis zu einem Querweg. Rechts sehen wir eine kleine Hütte. Wir halten uns links und steigen zwischen Pferdskopf (875 m) und Wasserkuppe auf die Höhe (950 m) nahe dem Fliegerdenkmal.

Falls wir uns nicht zu einem Spaziergang über die Wasserkuppe entschließen (siehe Tour 42), haben wir den Wendepunkt unserer Wanderung erreicht. Wir gehen wieder bergab, passieren die Hütte und folgen nun dem gelben Dreieck (offen gegen die Spitze) und dem hölzernen Wegweiser Richtung Guckaisee. Bald erreichen wir eine scharfe Kehre. Auf einer Teilstrecke des *Geologischen Wanderpfades* mit freiem Blick auf den glänzenden Guckaisee wandern wir eine Weile talwärts, biegen dann vom Geologischen Wanderpfad rechts ab und spazieren am *See* vorbei. Über eine Brücke dem Wegweiser Heckenhöfchen folgend nach Kohlstöcken.

Schwarzenhauck
Sieblos
Abtsroda
Abtsroder Kuppe
Rauschel-bach
Ottersbach
Bildstein
Tränkhof
Strutt
Wasserkuppe
Segelfliegerlager
Landeplatz
K 160
Firneis-mulde
Hugograben
Huhnrain
Poppenhausen
Sportplatz
Friedhof
Heckenhöfchen
Farnlieden
Hütte
Pferdskopf
875 m
Marktplatz
Bildstock
Rodholz
Kohlstöcken
Guckaisee
Schwarzerden
Guckai
Kühküppel
Dies-graben
Güntersberg
Eubeberg
Obern-hausen
Ebersberg
Neuwart
Sommerberg
Fulda
Gackenhof
Wacht-küppel
Hünkels-häuptchen
Rabennest
0
1 km

Wir überqueren die Kreisstraße Abtsroda – Gersfeld und biegen am *Bildstock* in einen Feldweg ein. An der nächsten Gabelung halten wir uns rechts und treffen auf eine Asphaltstraße, der wir nach links folgen. Am Berghotel vorbei erreichen wir bei *Rodholz* die Verkehrsstraße nach Poppenhausen. Auf grasbewachsenem Wegrand wandern wir mit freiem Blick zur *Kirche* von Poppenhausen zurück.

21 Von Wüstensachsen zur Wasserkuppe

Verkehrsmöglichkeiten Wüstensachsen, Gemeinde Ehrenberg, liegt an der B 278 zwischen Bischofsheim und Hilders. Bus Richtung Tann mit Anschluß in Hilders nach Fulda.
Parkmöglichkeiten Ortsmitte.
Wegmarkierungen Blaues Ei (offen) bis zur B 284, dann blaues Dreieck. Rotes Dreieck (HWO 4) ab Wasserkuppe.
Tourenlänge 11 Kilometer.
Wanderzeit 3 Stunden.
Höhenunterschiede Etwa 400 Höhenmeter.
Wanderkarte Naturpark Rhön 1:50000, Nordblatt.
Wissenswertes Im Rathaus von *Wüstensachsen* können wir das Naturschutzinformationszentrum besuchen. In anschaulicher

Zu Tour 20, 21, 42, 55 **Blick zur Wasserkuppe**
(Foto: Fremdenverkehrsverband Rhön e.V.)

Abtsroda
905 m
Abtsroder Kuppe
Schafstein
832 m
Wüstensachsen
N
Ulster
950 m
Wasserkuppe
P
Schafstein
ND
Fliegerdenkmal
P
Wasserkuppe
Naturschutzgebiet
Segelfliegerlager
Landeplatz
Becken-Mühle
B 278
Forellen-
teiche
Forellenhof
P
Heckenhof
Fuldaquelle
Pferdskopf
875 m
P
B 284
Salzrinnerhof
Mathesbergerhof
Heufelderhof
Staatsforst
Hilders
Kühnstein
Mathesberg
Ritterhof
Weiherhof
Gucka i
Fuchsstein
Naturscutzgebiet
Steinkopf
Eubeberg
Obern-
hausen
Sommerberg
Fulda
0
1 km
Schorn-
hecke

Weise zeigt es die Besonderheiten der Rhön und die komplexen ökologischen Zusammenhänge. Im Naturschutzgebiet um den *Schafstein* (832 m) hat sich der alte Waldbestand urwaldähnlich entwickelt. An den Hängen des Berges erstrecken sich zwei große Basaltblockmeere. Zur *Wasserkuppe* siehe Tour 42.

Tourenbeschreibung Wir verlassen *Wüstensachen* auf der *Schafsteiner Straße,* überqueren die *B 278* und biegen in die Straße *Beckenmühle* ein. Das blaue Ei führt uns an den *Forellenteichen* vorbei. Wir kreuzen vorsichtig die *B 284,* folgen dem Bachlauf, wandern am Rand eines Fichtenwäldchens, über Viehweiden und erreichen auf der Höhe erneut die *B 284.* Der Wanderweg folgt nun dem Lauf der Bundesstraße. Etwa 500 Meter hinter der Abzweigung der zur Wasserkuppe führenden Straße richten wir uns nach dem blauen Dreieck und überqueren die B 284. Am *Fuchsstein* und an der *Fuldaquelle* vorbei erreichen wir die *Wasserkuppe* und stoßen auf das rote Dreieck (HWO 4). Wir folgen ihm einige Meter am Hochrhönring entlang Richtung Abtsroda und biegen rechts ab. Durch den Wald, am Fuß des *Schafsteins* entlang, mehrere Wege kreuzend, erreichen wir *Wüstensachsen* wieder auf der *Schafsteiner Straße.*

22 Von Wüstensachsen zum Roten Moor

Verkehrsmöglichkeiten Wüstensachsen, Gemeinde Ehrenberg, liegt an der B 278 zwischen Bischofsheim und Hilders. Busverbindung Richtung Tann mit Anschluß in Hilders nach Fulda.

Parkmöglichkeiten Ortsmitte.

Wegmarkierungen Blaues Ei (offen), blaues Dreieck, rotes Ei (offen), blauer Winkel (gegen die Spitze), blaues U.

Tourenlänge 16 Kilometer.

Wanderzeit 4 Stunden.

Höhenunterschiede 380 Höhenmeter.

Wanderkarte Naturpark Rhön 1:50000, Nordblatt.

Wissenswertes Das Rhönklub-Ehrenmal auf dem *Heidelstein* (923 m) ist in jedem September Ziel einer Sternwanderung zur Heidelsteinfeier. (Zu Wüstensachsen siehe Tour 21, zum Roten Moor siehe Tour 44.)

Tourenbeschreibung Wir verlassen *Wüstensachsen* auf der *Schafsteiner Straße,* überqueren vorsichtig die *B 278* und biegen in die Straße *Beckenmühle* ein. Das blaue Ei führt uns an den

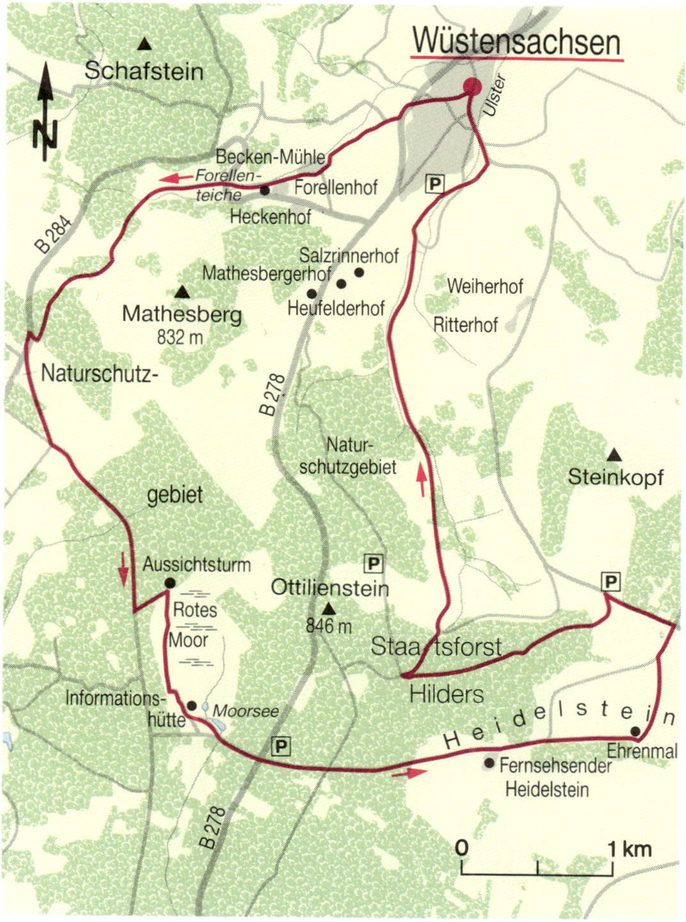

Forellenteichen vorbei. Wir folgen dem Bachlauf, kreuzen die B 284, wandern am Rand eines Fichtenwäldchens, über Viehweiden, überqueren den Bach und erreichen auf der Höhe wieder die B 284.

Ein Pfad führt uns an der Bundesstraße entlang. In Höhe des Hochrhönrings biegen wir links ab. Durch Wiesen erreichen wir eine Weggabelung. Wir halten uns links (blaues Dreieck) und wandern am Fichtenwald entlang. Ein Wegweiser führt uns auf den Bohlenpfad durch das *Rote Moor.* Wir passieren die *Informationshütte,* spazieren am *Moorsee* entlang und kreuzen die *B 278.*

Zu Tour 23 **Ostheim vor der Rhön, Kirchenburg St. Michael, Waagglockenturm**
(Foto: Oberfränkischer Ansichtskartenverlag)

Nun richten wir uns nach dem roten Ei (Rhönhöhenweg) und dem blauen Andreaskreuz und erreichen den *Sendemast* auf dem *Heidelstein.* Wir gehen links um die Umzäunung herum, folgen einer Asphaltstraße und biegen bald rechts in den zum *Ehrenmal* führenden Weg ein. Auf schmalem Pfad erreichen wir die Landstraße beim *Parkplatz Schornhecke.* Wir folgen der Landstraße etwa 500 Meter nach links (unmarkiert, der RHW läuft geradeaus weiter). Dann biegen wir links in einen Wirtschaftsweg ein (blauer Winkel, Wegweiser Ulsterquelle), dem wir etwa anderthalb Kilometer folgen. Unser Wanderweg schlüpft rechts in einen schmalen Pfad (blaues U). Steil bergab stoßen wir auf einen Wirtschaftsweg. Hier nach links. Wir erreichen *Wüstensachsen* auf der *August-Spiegel-Straße.*

23 Von Fladungen zur Lichtenburg

Verkehrsmöglichkeiten Autofahrer erreichen Fladungen über die B 285 oder über die Hochrhönstraße aus Richtung Bischofsheim. Busverbindung auf der Strecke Mellrichstadt – Bad Neustadt/S. – Bad Kissingen – Schweinfurt und Richtung Ostheim.
Parkmöglichkeiten Stadtmitte.
Wegmarkierungen Blaues Dreieck bis zur Lichtenburg, blaues Andreaskreuz bis Filke, rotes Dreieck (gegen die Spitze) des Hauptwanderweges West-Ost Nr. 4 zurück.
Tourenlänge 20 Kilometer. **Wanderzeit** 5 Stunden.
Höhenunterschiede Etwa 250 Höhenmeter.
Wanderkarte Naturpark Rhön 1:50000, Nordblatt.
Wissenswertes In *Fladungen* geben das Fränkische Freilandmuseum am historischen Stadtkern und das Rhönmuseum im Centschloß Einblicke in die regionale Kulturgeschichte. Von der *Königsburg* sind nur noch wenige Mauerreste erhalten. Die Ruine der Wehrkirche Bischofs Mauerschedel bei *Filke* war Mittelpunkt des versunkenen Dorfes Bischof aus dem 11. Jahrhundert. Die bewirtschaftete *Lichtenburg* wurde in der gleichen Epoche erbaut.
Anmerkung Im geteilten Deutschland endete der HWO 4 in Filke. Heute führt er über Stedtlingen, Hermannsfeld, Henneberg und Bauerbach nach Ritschenhausen. – Von der *Lichtenburg* können wir nach *Ostheim* hinabsteigen (etwa zwei Kilometer) und das altertümliche Stadtbild bewundern. Die Kirchenfestung gilt als schönste Bauernburg Deutschlands.

N
Brüchs
Brüchser Wald
Wurm-
berg
Fladungen
P
Marktplatz
Linz
Mellrich-
Sands
Sandser Graben
P
stadter
Heufurter
Kopf
516 m
Forst
B 285
Heufurt
514 m
Hasen-
kopf
Streu
Stetten
Nordheim
v.d. Rhön
B 285
Bahra
0
1 km
Sondheim

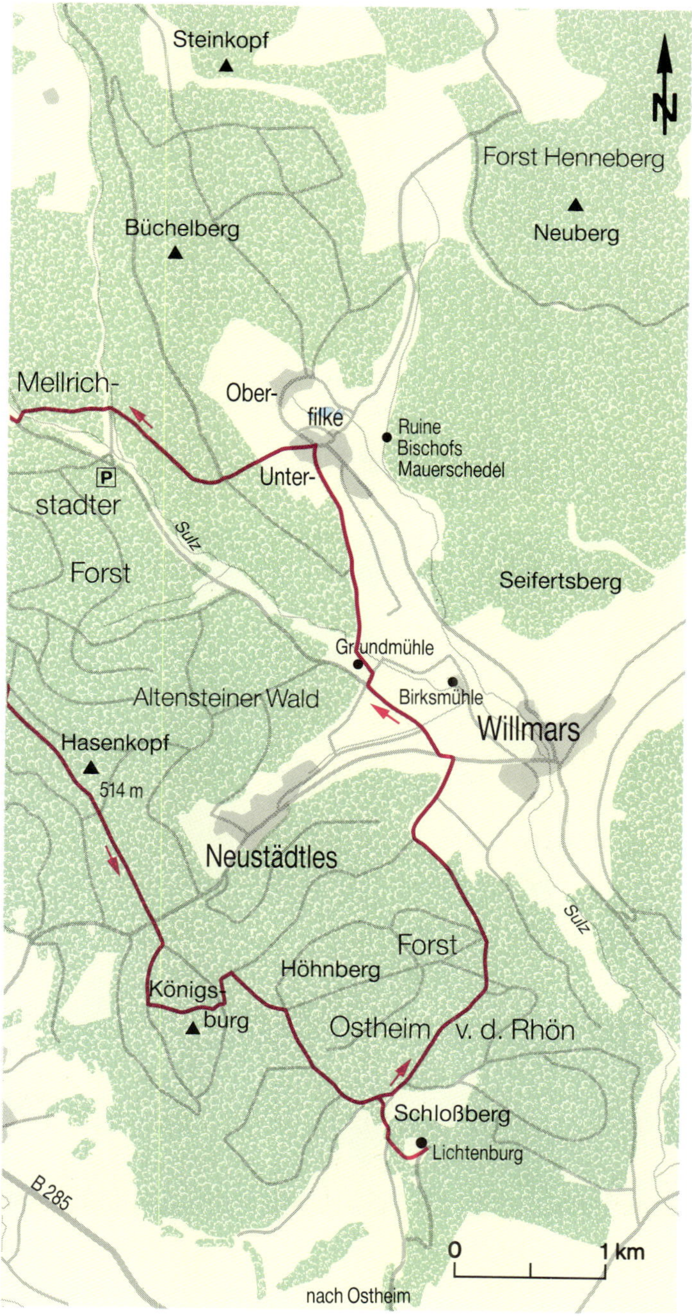
Steinkopf
Forst Henneberg
Neuberg
Büchelberg
Mellrich-
stadter
Forst
Ober-
filke
Unter-
Ruine
Bischofs
Mauerschedel
Sulz
Seifertsberg
Grundmühle
Birksmühle
Altensteiner Wald
Willmars
Hasenkopf
514 m
Neustädtles
Sulz
Forst
Höhnberg
Königs-
burg
Ostheim v. d. Rhön
Schloßberg
Lichtenburg
B 285
0
1 km
nach Ostheim

Tourenbeschreibung Vom *Marktplatz* über die *Ludwigstraße,* die in die *Bahnhofstraße* übergeht, Richtung Mellrichstadt. Links in die *Carl-Josef-Sauer-Straße.* Wir folgen der Verkehrsstraße Richtung Sands etwa einen halben Kilometer, biegen dann rechts ab (blaues Dreieck). Nun beginnt eine längere Waldwanderung über den *Heufurter Kopf* und den *Hasenkopf.* Wir achten genau auf die Markierung. Nach etwa fünf Kilometern queren wir die Straße von Nordheim nach Neustädtles und steigen zur *Königsburg* hinauf. Von der *Königsburg* folgen wir einem breiten Forstweg ein kurzes Wegstück bergab, biegen in einen Pfad und stoßen bald auf einen Querweg. Hier rechts. Wir erreichen einen Wegweiser, folgen ihm geradeaus Richtung Ostheim und biegen nach etwa 300 Metern rechts in eine Forststraße. Wir achten auf die Markierung und erreichen nach etwa zweieinhalb Kilometern – von der Königsburg gerechnet – die *Lichtenburg.*

Wir verlassen die Burg auf dem Herweg, folgen aber bald dem blauen Andreaskreuz nach rechts. Wir treffen auf die

Zu Tour 23 **Ostheim vor der Rhön** (Foto: Michael Walke)

Straße Willmars – Neustädtles, folgen ihr etwa 50 Meter nach links und biegen in die Straße nach Fladungen, die wir nach etwa einem Kilometer verlassen. Wir passieren die Grundmühle, überqueren die *Sulz,* wenden uns nach links, biegen am Waldrand rechts ab und erreichen *Filke.* Ein Abstecher zu *Bischofs Mauerschedel* bietet sich an. Unterhalb des Friedhofs führt ein Pfad zur Kirchenruine.

Wir verlassen *Filke* auf dem HWO 4 (rotes Dreieck gegen die Spitze) auf der Straße nach Weimarschmieden, biegen aber nach etwa 800 Metern ab und wandern talwärts. Wir überqueren den *Linzbach* und durchqueren *Sands.* Entlang der Verkehrsstraße, der wir nur zweimal ein kurzes Wegstück ausweichen können, wandern wir nach *Fladungen* zurück.

24 Von Fladungen zum Schwarzen Moor

Verkehrsmöglichkeiten Autofahrer erreichen Fladungen über die B 285 oder über die Hochrhönstraße aus Richtung Bischofsheim. Busverbindung auf der Strecke Mellrichstadt – Bad Neustadt/S. – Bad Kissingen – Schweinfurt und Richtung Ostheim.
Parkmöglichkeiten Stadtmitte.
Wegmarkierungen Bis kurz vor den Bocksbrunnen rotes Dreieck (gegen die Spitze), bis Sennhütte blaues Dreieck, dann grünes Ei.
Tourenlänge 20 Kilometer.
Wanderzeit 5 Stunden.
Höhenunterschiede Etwa 380 Höhenmeter.
Wanderkarte Naturpark Rhön 1:50000, Nordblatt.
Wissenswertes Der *Eisgrabenbach* ist eine geologische Besonderheit. Er fließt auf einer Basaltschicht, hat sich aber schluchtartig in die weicheren, braunkohleführenden Gesteine eingeschnitten. Die heutige Form entstand bei einem sintflutartigen Unwetter 1834. Das Wasser hat die 50 Meter lange und 20 Meter tiefe Frauenhöhle im Bereich des unteren Eisgrabens herausgebildet. Angeblich war die Höhle in unruhigen Zeiten Zufluchtsort der Frauen aus dem Weiler Hillenberg. Die Höhle ist nicht zugänglich. (Zu *Fladungen* siehe Tour 23, zum *Schwarzen Moor* siehe Tour 43.)
Tourenbeschreibung Vom *Marktplatz* über die Ludwigstraße, die in die *Bahnhofstraße* übergeht, Richtung Mellrichstadt. Nach rechts in die *Hausener Straße* und über den *St.-Gangolfs-*

Leubach
Ober-
fladungen
Wurmberg
N
Birx
Hochrhönstraße
P
Sennhütte
Whs.
Fladungen
Rüden-
schwinden
Kapellen-
berg
St. Gangolf
B 285
Schwarzes
Rhönhof
Moor
Natur-
Querenberg
Eisgraben
Eisgraben
Hausen
Heufurt
Bildstock
Rastplatz
Georgsbrunnen
Bocksbrunnen
Lindberg
schutzgebiet
Frauenhöhle
0
1 km
Brunnenholz

Weg hinauf zur *Gangolfkapelle.* Auf dem Wirtschaftsweg nach *Hausen.* Über *Fladunger Straße, Rhönstraße* und *Eisgrabenstraße* hinauf in den Wald. Am *Bildstock* wechseln wir auf die andere Seite des *Eisgrabens* und folgen dem Lauf des Baches stetig bergauf, bis wir den Wald verlassen. Kurz vor dem einladenden Rastplatz beim Bocksbrunnen biegen wir rechts ab (blaues Dreieck). Wir wandern am Waldrand entlang, tauchen unvermittelt in den dichten Fichtenwald ein, treten ins Freie und biegen links in einen Forstweg. Nach wenigen Metern biegen wir links in einen Pfad. Wir wandern nun etwa zwei Kilometer überwiegend auf schmalen Waldpfaden, achten genau auf die Markierungen, kreuzen die *Rhönhofstraße* und erreichen den *Parkplatz* am *Schwarzen Moor.*

Das grüne Ei führt uns zur nahen *Sennhütte.* Wir folgen der *Hochrhönstraße* etwa 500 Meter Richtung Fladungen, biegen dann rechts in einen Asphaltweg, den wir nach weiteren anderthalb Kilometern verlassen. Ein grasbewachsener Weg führt uns auf einen Wirtschaftsweg. Wir kreuzen eine Asphaltstraße und

Zu Tour 23, 24 **Fladungen, Stadtmauer** (Foto: Michael Walke)

erreichen *Rüdenschwinden.* Kurz vor der Ortsmitte rechts in den *Forellenweg.* Wir folgen der Straße Richtung Hausen etwa dreißig Meter, biegen dann links in einen Feldweg. Wir erreichen *Fladungen* am Neubaugebiet. Über den *Weihersweg* wandern wir in den Ort.

25 Von Roth zum Gangolfsberg

Verkehrsmöglichkeiten Roth, Gemeinde Hausen, erreicht man über die Hochrhönstraße östlich abzweigend oder über die B 285 bis Nordheim und weiter über Stetten. Busverbindung Richtung Bad Neustadt/S. und Fladungen.
Parkmöglichkeiten Im Ort.
Wegmarkierungen Blaues Dreieck bis Thüringer Hütte, grüner Winkel bis Schweinfurter Haus, blaues Dreieck (offen mit Querstrich) bis Rhön-Park-Hotel, dann ohne Markierung.
Tourenlänge 12 Kilometer. **Wanderzeit** 3½ Stunden.
Höhenunterschiede Etwa 430 Höhenmeter.
Wanderkarte Naturpark Rhön 1:50000, Nordblatt.
Anmerkung Der Naturlehrpfad Gangolfsberg (4 km) beginnt unweit des Schweinfurter Hauses an der Straße Urspringen – Hochrhönstraße.
Tourenbeschreibung Über die *Hauptstraße* Richtung Hochrhönstraße. Am Ortsende rechts und über den Wirtschaftsweg in den Wald. Der Wanderweg verläuft auf weichen Pfaden immer nahe am Rand des Buchenwaldes, bis wir nach etwa einem Kilometer auf einen Querweg stoßen. Hier links. Bald rechts über Stufen hinauf (noch vor der soliden Treppe) und gleich wieder rechts. Wir lassen uns von den beliebig erscheinenden Markierungen nicht verwirren und biegen nach etwa 40 Metern links ab. Nach weiteren 70 Metern folgen wir der Nr. 1 und dem Wegzeichen auf schmalem Pfad bergauf. Unser Wanderweg verläuft bald auf einem Weg oberhalb alter Bunkeranlagen und zieht dann rechts hinauf. Wir stoßen auf einen Forstweg, in den wir links einbiegen. Auf diese Weise haben wir die Schleife der Verkehrsstraße umgehen können und erreichen den *Parkplatz Rother Kuppe.* Wir überqueren die Verkehrsstraße und folgen dem Wegweiser Richtung Thüringer Hütte. Über den *Parkplatz Lange Rhön* hinweg wandern wir parallel zur Verkehrsstraße. Ein lohnender Abstecher entlang des *Oberelsbacher Grabens* zum *Nixenteich* bietet sich an.

Oberhalb der *Thüringer Hütte* biegen wir scharf links ab (grüner Winkel und Nr. 5). Nun folgt eine längere Waldwanderung. Wir wandern über eine Teilstrecke des *Naturlehrpfades* (in Gegenrichtung), berühren die Ruine der *Gangolfskapelle* und die keltische *Wallanlage* auf dem *Gangolfsberg,* passieren die eindrucksvollen *Säulenbasalte* und erreichen das *Schweinfurter Haus.*

Vom *Schweinfurter Haus* folgen wir dem blauen Dreieck (offen mit Querstrich) Richtung Rother Kuppe und biegen kurz hinter dem Schweinfurter Haus rechts ab (vorerst auch Richtung Sondheim, blauer Tropfen). Der Wanderweg führt an Wiesengelände entlang und überquert die nach Urspringen führende Verkehrsstraße. Wir folgen dem Lauf eines Baches, den wir zweimal überqueren, wandern dann am Waldrand entlang und im Rechtsbogen in den Wald. Nachdem wir ein drittes Mal den Bach überquert haben, wenden wir uns bei einem *Häuschen* scharf links hinauf, passieren alte *Bunker* und erreichen den Fuß

der *Rother Kuppe*. Wir spazieren unterhalb des *Rhön-Park-Hotels* entlang, biegen unterhalb der *Tennisplätze* rechts ab und wandern nun auf breitem, unmarkiertem Wirtschaftsweg zu Tal, stoßen auf die Verkehrsstraße nach Roth, folgen ihr etwa 50 Meter, biegen links ab und wandern steil hinab in den Ort.

26 Der Erwin-Volze-Weg in Gersfeld

Verkehrsmöglichkeiten Gersfeld erreicht man ab Fulda über die B 27 bis Döllbach und weiter über die B 279, die sich bei Gersfeld mit der Hochrhönstraße schneidet. Rhönbahn Fulda – Gersfeld. Busverbindung auf der Strecke Bad Neustadt/S. – Bischofsheim – Fulda.
Parkmöglichkeiten Stadtmitte.
Wegmarkierungen Blauer Winkel.
Tourenlänge 7 Kilometer.
Wanderzeit 1½ Stunden.
Höhenunterschiede Etwa 180 Höhenmeter.
Wanderkarte Naturpark Rhön 1:50000, Nordblatt.
Wissenswertes Im Kneipp- und Luftkurort *Gersfeld* wurde 1876 der Rhönklub und 1950 der Deutsche Aero-Club gegründet. Sehenswert ist der weitläufige Schloßbezirk, der alte Marktplatz und die barocke Stadtpfarrkirche. Erwin Volze war Lehrer in Rodenbach und langjähriger Vorsitzender des Rhönklub-Zweigvereins Gersfeld. Zum *Hochwildschutzpark* siehe Tour 45.
Tourenbeschreibung Am *Marktplatz* Ecke *Brückenstraße* finden wir den ersten Wegweiser. Über die *Amelungstraße* und die *Kippelbachstraße* verlassen wir den Ort Richtung Hochwildschutzpark. Die Markierung blauer Winkel führt uns bergauf, an der Schule vorbei und oberhalb des *Minigolfplatzes* nach rechts. Wir folgen dem asphaltierten Fahrweg und biegen auf der Höhe in den Wirtschaftsweg zum bereits weithin sichtbaren *Rodenbacher Küppel* (680 m). Eine Besteigung lohnt sich allein wegen der hervorragenden Fernsicht, wir können aber auch auf unserem bisherigen Weg bleiben und um den Küppel herum nach *Rodenbach* hinabsteigen.

Wir richten uns nach dem Wegweiser Dammelhof/Wildpark, verlassen *Rodenbach* auf der *Dorfstraße* und treffen auf die Verkehrsstraße. Ihr folgen wir nach links an *Dammelhof* und an der *Berghütte Simmelsberg* vorbei in den Wald. Etwa 500 Meter hin-

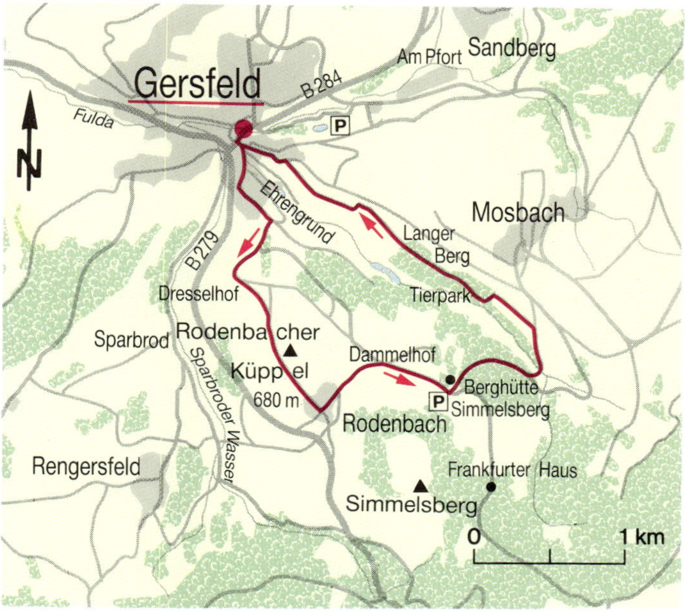

ter der *Berghütte* biegen wir von der Straße links ab, wandern zu Tal, wieder bergauf und schwenken vor der Höhe mit dem Gasthaus nach links in einen Feldweg, der uns hinab in den *Ehrengrund* führt. Wir wandern am Zaun des Wildgeheges entlang und über die *Hochstraße* nach *Gersfeld* zurück.

27 Von Gersfeld zum Roten Moor

Verkehrsmöglichkeiten Gersfeld erreicht man ab Fulda über die B 27 bis Döllbach und weiter über die B 279, die sich bei Gersfeld mit der Hochrhönstraße schneidet. Rhönbahn Fulda – Gersfeld. Busverbindung auf der Strecke Bad Neustadt/S. – Bischofsheim – Fulda.
Parkmöglichkeiten Stadtmitte.
Wegmarkierungen Blaues Dreieck bis etwa 300 Meter hinter dem Rastplatz am Roten Moor, dann blauer Winkel (gegen die Spitze).
Tourenlänge 17 Kilometer. **Wanderzeit** 4½ Stunden.

Höhenunterschiede Etwa 550 Höhenmeter.
Wanderkarte Naturpark Rhön 1:50000, Nordblatt.
Wissenswertes Zu *Gersfeld* siehe Tour 26. Zum *Roten Moor* siehe Tour 44.
Tourenbeschreibung Wir beginnen diese eindrucksvolle und abwechslungsreiche Wanderung am *Marktplatz* in Gersfeld. Dem Wegweiser Himmelsdunkberg und dem blauen Dreieck folgen wir über die *Amelungstraße* und die *Kippelbachstraße* Richtung Hochwildschutzpark. Oberhalb des *Minigolfplatzes* nach rechts, bald (hinter einer Straßenlaterne) nach links und

durch ein Gehölz. Mit schöner Aussicht auf den Rodenbacher Küppel und Gersfeld erreichen wir *Dammelhof*.

Wir halten uns links und spazieren zum Ortsende. An der Verkehrsstraße nach links und kurz vor der *Berghütte Simmelsberg* rechts hinauf. Am Rand des Fichtenwaldes entlang, bald rechts abbiegend, erreichen wir das *Frankfurter Haus*.

Hinter dem *Frankfurter Haus* steil bergauf in den Wald, einen Weg kreuzend, an der folgenden Gabelung nach rechts, erreichen wir auf der Höhe zwischen Simmelsberg und Himmelsdunkberg eine Sitzgruppe mit Wegweiser. Durch dichten Fichtenwald wandern wir geradewegs Richtung Himmelsdunkberg. Aus dem düsteren Wald austretend überrascht der grandiose Fernblick. Unser Weg zieht nach links und am Waldrand entlang auf den Gipfel des *Himmeldunkberges* (888 m). Wir wandern weiter geradeaus, tauchen kurz in den Wald, passieren eine *Unterstandhütte* und erreichen die *Hohe Hölle* (894 m).

Nun auf breitem Weg steil bergab durch den Wald. Bald eröffnet sich rechter Hand ein Fernblick. Hier halten wir uns links, gehen auf schmalem Weg wieder steil bergab, treten aus dem Wald und halten uns rechts Richtung Rotes Moor.

(Foto: Ulrich Schnabel)

Am *Parkplatz Schwedenwall* überqueren wir die Landstraße und wandern etwa 250 Meter geradewegs bis zur Waldecke. Hier nach links und auf der sog. *Reichsstraße* etwa drei Kilometer geradeaus durch den Wald bis zum *Rastplatz am Roten Moor*. Rechts des Weges bietet sich ein Abstecher auf dem Bohlenpfad durch das Rote Moor an. (Siehe Tour 44.)

Etwa dreihundert Meter hinter dem Rastplatz verlassen wir die Straße und wandern mit neuer Markierung (blauer Winkel) nach links in die *Kaskadenschlucht*. Wir überqueren eine Forststraße, steigen durch den Wald hinab, wandern etwa einen Kilometer am Bach entlang, treten aus dem Wald und halten uns links Richtung Gersfeld.

Wir erreichen die Straße Gersfeld – Mosbach, folgen ihr kurze Zeit nach rechts Richtung Gersfeld, wenden uns hinter der Kurve links hinauf und bald rechts hinab auf einen großen *Parkplatz*. Hier nach links und dem Lauf der *Fulda* folgend nach *Gersfeld* zurück.

28 Von Bischofsheim zur Ruine Osterburg

Verkehrsmöglichkeiten Bischofsheim liegt im Tal der Brend am Schnittpunkt der B 279 mit der B 278. Die Stadt ist Ausgangspunkt der Hochrhönstraße. Busverbindung mit Bad Neustadt/S. und Fulda, Frankfurt/M. und Ostheim.
Parkmöglichkeiten Stadtmitte.
Wegmarkierungen Rotes Dreieck (HWO 6 gegen die Spitze) bis zum Arnsberg, rotes Ei (RHW gegen die Spitze) bis zur Bushaltestelle, zurück mit dem blauen Winkel (gegen die Spitze).
Tourenlänge 11 Kilometer.
Wanderzeit 3½ Stunden.
Höhenunterschiede Etwa 400 Höhenmeter.
Wanderkarte Naturpark Rhön 1:50000, Südblatt.
Wissenswertes *Bischofsheim* wurde zum ersten Mal im 13. Jahrhundert urkundlich erwähnt. Sehenswert ist das altertümliche Stadtbild mit dem mächtigen romanischen Zentturm, dem Wahrzeichen der Stadt. Die *Ruine Osterburg* (715 m) wurde 1271 zerstört und geriet in Vergessenheit. Erst 1871 wurde sie bei Forstarbeiten wiederentdeckt.
Anmerkung Nördlich von Bischofsheim finden wir den *Naturpfad Bauersberg* (10 km). Er streift die *Teufelsmühle* und führt über den *Rothsee* zum Ausgangspunkt zurück.

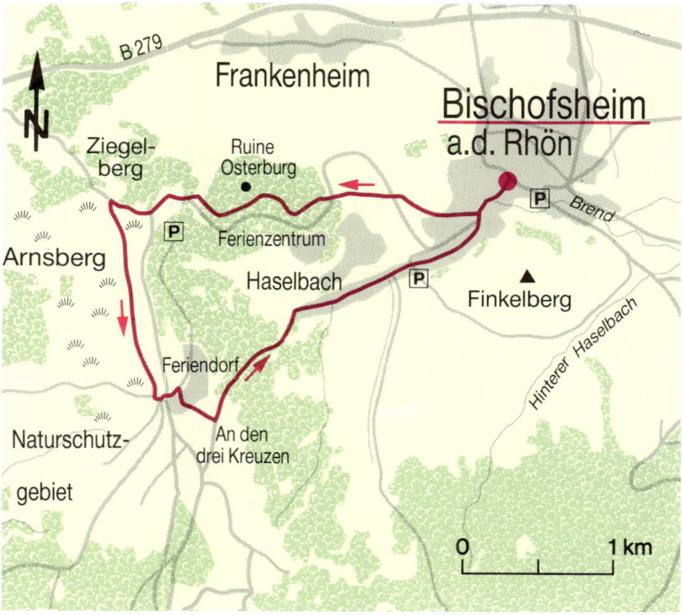

Tourenbeschreibung Vom *Stadtzentrum* wandern wir Richtung Kreuzberg und biegen am Ortsausgang rechts in den *Zentweg.* Das rote Dreieck führt uns zweimal über die zum Kreuzberg führende Verkehrsstraße hinweg. Durch den Wald erreichen wir die *Ruine Osterburg.* Wir steigen von der Ruine hinab und nähern uns beim *Parkplatz Osterburg* der Verkehrsstraße. Wir biegen rechts in den Asphaltweg ein, wandern an der *Skiliftstation* vorbei, folgen der Markierung am Hang entlang und stoßen auf einen Wegweiser. Nun scharf links und über den freien Hang des *Arnsberges* (roter Winkel, rotes Ei gegen die Spitze). Wir überqueren die zum Kreuzberg führende Straße Richtung Feriendorf und wenden uns auf der anderen Straßenseite sofort nach rechts zum *Wasserbehälter.* Dort nach links und (ohne Markierung) auf einem Wiesenweg zu Tal. Kurz vor dem Waldrand treffen wir auf den von links heraufziehenden blauen Winkel. Er führt uns talwärts (gegen die Spitze) und über *Haselbach* nach *Bischofsheim* zurück.

29 Von Bischofsheim zum Kreuzberg

Verkehrsmöglichkeiten Bischofsheim liegt im Tal der Brend am Schnittpunkt der B 279 mit der B 278. Die Stadt ist Ausgangspunkt der Hochrhönstraße. Busverbindung mit Bad Neustadt/S. und Fulda, Frankfurt/M. und Ostheim.
Parkmöglichkeiten Im Ort.
Wegmarkierungen Rotes Dreieck (HWO 6) bis Unterweißenbrunn, blaues NH bis Neustädter Haus, blaues Dreieck (gegen die Spitze) bis Kreuzberg, blauer Winkel (gegen die Spitze) bis Bischofsheim.

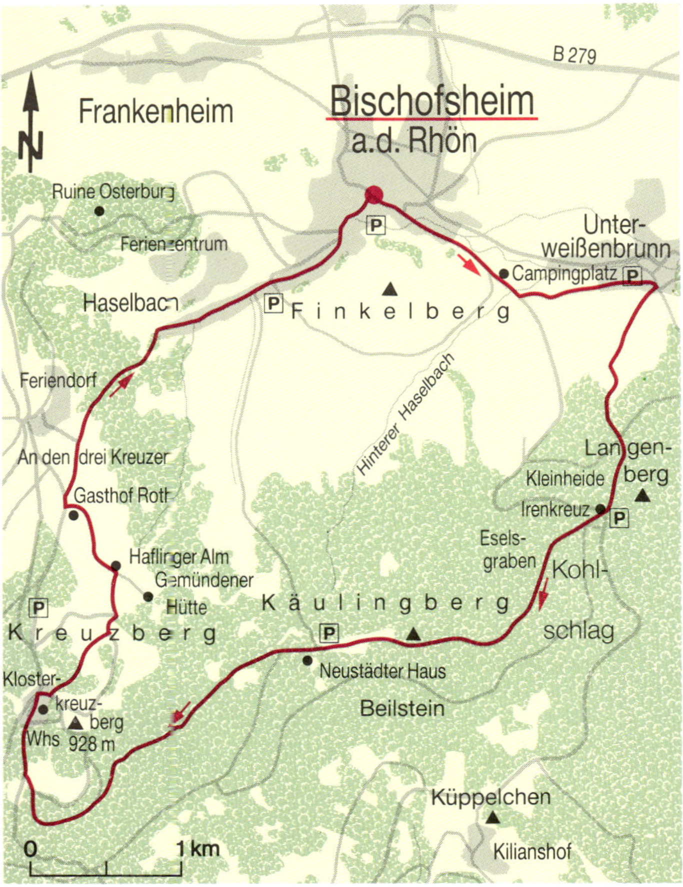

Tourenlänge 17 Kilometer. **Wanderzeit** 5 Stunden.
Höhenunterschiede Etwa 500 Höhenmeter.
Wanderkarte Naturpark Rhön 1:50000, Südblatt.
Wissenswertes Das steinerne *Irenkreuz* steht zum Andenken an den irisch-schottischen Missionar St. Kilian. In weiten Teilen Deutschlands waren irische Mönche die Verbreiter des Christentums. Die erste Taufe in der Rhön soll im Jahr 686 in Haselbach stattgefunden haben. (Zum *Kreuzberg* siehe Tour 46. Zu *Bischofsheim* siehe Tour 28.)
Tourenbeschreibung Wir verlassen *Bischofsheim* in südöstlicher Richtung entlang der nach Sandberg führenden Straße und biegen hinter dem *Campingplatz* links ab. Das rote Dreieck führt uns nach *Unterweißenbrunn.* Beim *Umspannwerk* stoßen wir auf das blaue NH. Das neue Wegzeichen führt uns zum *Irenkreuz.* Wir überqueren die nach Sandberg führende Straße und wandern zum *Neustädter Haus.* Nun richten wir uns nach dem blauen Dreieck (gegen die Spitze) und steigen zum *Kreuzberg* hinauf.

Wir verlassen den *Kreuzberg* und richten uns nach dem blauen Winkel (gegen die Spitze). Unser Wanderweg führt oberhalb der Kreuzwegstation VI entlang. Wir wandern über die freien Matten und links an der *Bergstation* des mittleren Skiliftes vorbei. An der *Haflinger Alm* nach links und auf dem Wirtschaftsweg zum *Gasthof Roth.* Hier biegen wir rechts ab. Der Weg führt steil bergab und über *Haselbach* zurück nach *Bischofsheim.*

30 Vom Kreuzberg zum Guckaspaß

Verkehrsmöglichkeiten Von Bischofsheim führt eine Straße über Haselbach zum Kreuzberg. Busverbindung mit Bad Neustadt/S. über Bischofsheim, mit Fulda und über Bad Brückenau nach Jossa.
Parkmöglichkeiten Parkplatz am Kreuzberg.
Wegmarkierungen Gelber Winkel (gegen die Spitze) bis zum Guckaspaß, dann rotes Dreieck.
Tourenlänge 8 Kilometer.
Wanderzeit 2½ Stunden.
Höhenunterschiede Etwa 200 Höhenmeter.
Wanderkarte Naturpark Rhön 1:50000, Südblatt.
Wissenswertes Der *Guckassattel* trennt den *Kreuzberg* von den

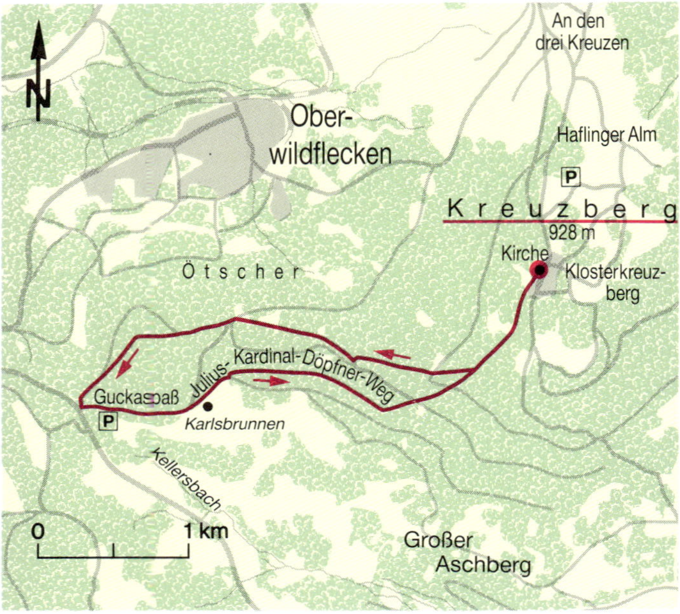

südwestlich gelegenen Schwarzen Bergen. (Zum Kreuzberg siehe Tour 46.)

Anmerkung Autofahrer können die Wanderung auch am Wanderparkplatz am Guckaspaß beginnen.

Tourenbeschreibung Von der *Kirche* folgen wir dem Wegweiser Richtung Wildflecken (gelber Winkel gegen die Spitze und vorläufig Rundweg Nr. 2). Wir halten uns nach etwa einem Kilometer an der Gabelung rechts, kreuzen einen Weg und biegen bald rechts in einen schmalen Pfad, der durch ein Fichtenwäldchen führt. Nach etwa 700 Metern stoßen wir auf einen Forstweg, dem wir in bisheriger Richtung folgen. Steil bergab erreichen wir den *Parkplatz* am *Guckaspaß*.

Wir richten uns nun nach dem roten Dreieck (HWO 7). Auf dem *Julius-Kardinal-Döpfner-Weg* wandern wir bergauf. Nach etwa 700 Metern zweigt der Rhönhöhenweg (roter Tropfen) links ab. Nach weiteren 500 Metern biegen auch wir links ab und erreichen über den *Feustelsteig* das *Kloster*.

31 Von Bad Brückenau zum Volkersberg

Verkehrsmöglichkeiten A 7 Ausfahrt Bad Brückenau. Über die B 27 und die B 286. IC-Bahnhof Fulda mit Schnellbusverbindung nach Bad Brückenau. Gute Busverbindungen im Nah- und Fernbereich.
Parkmöglichkeiten Stadtmitte.
Wegmarkierungen Gelbes Dreieck (offen) bis zum Kloster. Von Volkers mit dem gelben Dreieck (voll, gegen die Spitze) zurück nach Bad Brückenau.
Tourenlänge 7,5 Kilometer. **Wanderzeit** 2 Stunden.
Höhenunterschiede Etwa 250 Höhenmeter.
Wanderkarte Naturpark Rhön 1:50000, Südblatt.
Anmerkung Ab Volkers besteht eine Verlängerungsmöglichkeit der Wanderung um etwa drei Kilometer über das Staatsbad und durch das Sinntal zurück nach Bad Brückenau. Der Weg ist ausgeschildert.
Wissenswertes Das bayerische *Staatsbad Brückenau,* Ortsteil von *Bad Brückenau,* ist bekannt für seine Heilquellen und Moorbäder. Die weitläufigen Kuranlagen haben sich aus dem

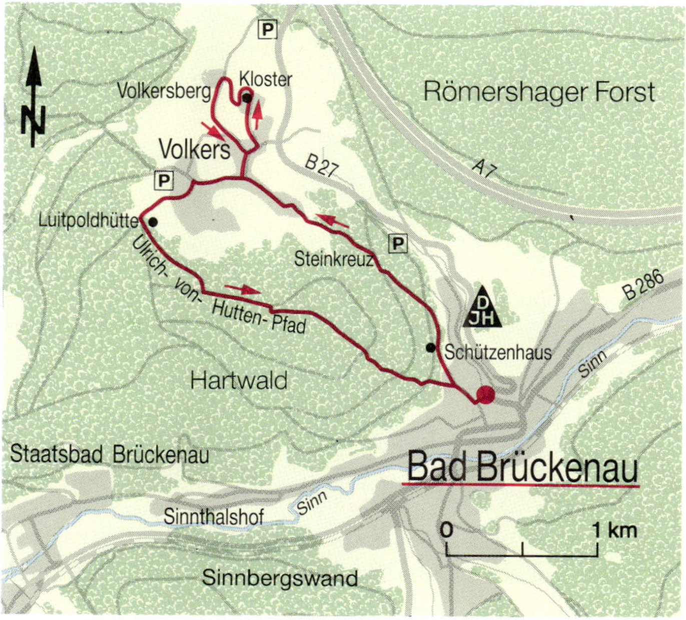

Sommersitz der Fürstäbte Fuldas entwickelt. Der Bayernkönig Ludwig I. war ein häufiger Gast. Sein Denkmal vor dem Kursaal erinnert an die Blütezeit des Ortes im 19. Jahrhundert.

Auf dem *Volkersberg* wird eine heidnische Kultstätte vermutet. Eine Kirche ist seit 1378 nachgewiesen. Der Ort entwickelte sich zu einer bekannten Wallfahrtsstätte. Das Kloster wurde 1664 von Franziskanern gegründet. Der Kreuzweg stammt aus dem Jahr 1755. Heute ist das Kloster aufgehoben. Das Gebäude wird als Jugend- und Erwachsenenbildungsstätte genutzt.

Tourenbeschreibung In der *Ludwigstraße* Ecke *Kapellengasse* im Zentrum von *Bad Brückenau* beginnt die Markierung. Über *Ludwigstraße* und *Schützenhausstraße* hinauf zum *Schützenhaus.* Hinter dem Schützenhaus halten wir uns links, wandern auf schmalem Weg recht steil bergauf in den Wald und kreuzen einen breiteren Forstweg. An einem Steinkreuz vorbei erreichen wir wieder einen Forstweg, folgen ihm etwa 20 Meter nach rechts, biegen links ab in einen schmalen Weg und wandern stetig bergauf, bis wir auf einen Fahrweg stoßen. Hier rechts nach *Volkers.*

Zu Tour 33 **Die Salzburg** (Foto: Kurverwaltung Bad Neustadt GmbH)

Bei der Sitzgruppe an der *Telefonzelle* nach rechts. An der Verkehrsstraße wieder nach rechts. Kurz vor Erreichen der Straße nach Bad Brückenau über den Hof des *Gasthauses* hinweg in die Flur, an einem Bildstock vorbei und über vereinzelte Stufen hinauf zum *Kloster.*

Nach einem Rundgang mit Blick auf das Sinntal und die Südrhön verlassen wir das *Kloster* über die Verkehrsstraße oder wählen den Herweg. In *Volkers* wandern wir über die *Hauptstraße* an der Sitzgruppe vorbei zu einer Grünfläche mit einem großen Anker. Hier nach links und mit dem gelben Dreieck (gegen die Spitze) zur *Luitpoldhütte.* Auf dem gut markierten Ulrich-von-Hutten-Pfad wandern wir mehrere breite Forstwege querend durch dichten Wald zurück nach *Bad Brückenau.*

32 Von Bad Brückenau zum Dreistelz

Verkehrsmöglichkeiten A 7 Ausfahrt Bad Brückenau. Über die B 27 und die B 286. IC-Bahnhof Fulda mit Schnellbusverbindung nach Bad Brückenau. Gute Busverbindung im Nah- und Fernbereich.
Parkmöglichkeiten Stadtmitte.
Wegmarkierungen Bis Dreistelz gelber Winkel, bis Staatsbad gelbes Ei (offen), nach Bad Brückenau rotes Dreieck.
Tourenlänge 12 Kilometer.
Wanderzeit 3 Stunden.
Höhenunterschiede Etwa 350 Höhenmeter.
Wanderkarte Naturpark Rhön 1:50000, Südblatt.
Wissenswertes Der *Dreistelz* ist mit 660 Metern der südlichste Vorberg der Hohen Rhön. Er schenkt eine weite Fernsicht auf Rhön, Spessart, Taunus und Vogelsberg. (Zum *Staatsbad Brükkenau* siehe Tour 31.)
Tourenbeschreibung Vom *Stadtbahnhof* Richtung Römershag und bald nach rechts über die Schienen hinweg in die *Buchwaldstraße.* Wir folgen dem Wegweiser und der Markierung gelber Winkel. Bergauf, am Altenpflegeheim vorbei, an der Gabelung am Waldrand rechtshaltend, über einen Bach, geradeaus dem Lauf des Baches folgend bis zur B 27.

Wir überqueren die Bundesstraße, schwenken auf dem Rastplatz links in den Forstweg, spazieren an der *Elfenwiese* vorbei, halten uns links und treffen auf die Verkehrsstraße Richtung Dreistelz. Wir folgen der Straße etwa hundert Meter nach rechts

und biegen dann rechts in einen Feldweg ein, der in einen dornbuschgesäumten Hohlweg übergeht. Wir halten uns geradeaus, passieren einen Schuppen und erreichen den Weiler *Dreistelz.*

Direkt hinter dem *Gasthof* biegen wir rechts ab. Eng am Jägerzaun eines Hauses und dicht an Weidezäunen vorbei tauchen wir in den Wald. Nach steilem Aufstieg erreichen wir den *Dreistelzberg.* (660 m). Vom Aussichtsturm genießen wir bei klarem Wetter eine weite Sicht auf Rhön, Spessart, Taunus und Vogelsberg.

Nun richten wir uns nach dem gelben Ei (offen). Über etwas unwegsame Pfade führt uns der Weg steil bergab. Wir passieren einen Wasserbehälter, überqueren die Bahngleise und flanieren durch die Kuranlagen von *Staatsbad Brückenau.* Mit dem roten Dreieck wandern wir dem Lauf von Verkehrsstraße und Sinntal folgend zurück nach *Bad Brückenau.*

33 Von Bad Neustadt zur Salzburg

Verkehrsmöglichkeiten A 7 Ausfahrt Schweinfurt/Werneck und weiter über die B 19 oder Ausfahrt Fulda-Süd und über die B 27/B 279. Eilzugstation auf der Strecke Meiningen – Ebenhausen – Schweinfurt. Gute Busverbindungen im Nah- und Fernbereich.
Parkmöglichkeiten Auf dem Marktplatz. Ausweichmöglichkeit ist das Hallenbad und der Busbahnhof außerhalb der Stadt am Rand des Wanderweges.
Wegmarkierungen Blaues Dreieck.
Tourenlänge 9 Kilometer.
Wanderzeit 2 Stunden.
Höhenunterschiede Etwa 150 Höhenmeter.
Wanderkarte Naturpark Rhön 1:50000, Südblatt.
Wissenswertes *Bad Neustadt an der Saale* wurde 1058 erstmals urkundlich erwähnt. Das Mineral- und Moorheilbad bietet ein breites Spektrum an Kuranwendungen. Wahrzeichen der Stadt ist das Hohntor. Von der mittelalterlichen Stadtbefestigung und der historischen Bausubstanz sind große Teile erhalten.

Vor der Kirche in *Salz* steht die uralte Friedenslinde. Sie wurde zur Erinnerung an den Friedensschluß Karls des Großen mit den Sachsen gepflanzt. Hier, aber auch im Kirchenviertel von Bad Neustadt, wird die karolingische Kaiserpfalz vermutet.

Zu Tour 33 **Bad Neustadt: Hahntor und die drei Stadt-Türme**
(Foto: Kurverwaltung Bad Neustadt GmbH)

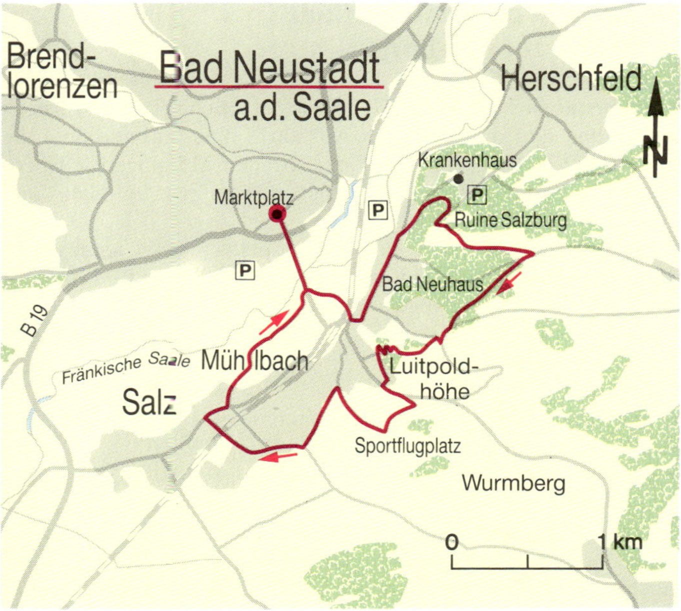

Die *Salzburg*, eine der größten Burgruinen Deutschlands, ist durch eine 450 Meter lange Ringmauer gesichert. Im Hof finden wir das älteste technische Denkmal der Rhön, einen Brunnenschacht, über dem vier Männer in einem Rad laufen mußten, um Wasser in die Burg zu befördern.

Anmerkung Dieser Rundweg ist nach dem »Rhönvater« Karl Straub benannt. Sein Grab befindet sich auf dem Friedhof an der Frauenbergstraße.

Tourenbeschreibung Vom *Marktplatz* über die *Hohnstraße* zur *Salzpforte*. Wir spazierenm über die *Saalebrücke* und laufen durch die *Unterführung* der Eisenbahn. An der *Kirche* nach links und dem blauen Dreieck folgend nach *Bad Neuhaus*. Am *Kurpark* und an den *Sanatorien* vorbei und am Ortsende rechts hinauf in den Wald zur *Salzburg*.

Wir verlassen die Burg, folgen dem blauen Dreieck nach rechts und wandern erst durch den Wald und dann durch die Flur. Am *Sportplatz* vorbei zum *Pavillon* auf der *Luitpoldhöhe*. Der Karl-Straub-Rundweg schlängelt sich nun hinab ins Tal. Im Tal biegen wir links ab, passieren den *Kindergarten,* überqueren die Verkehrsstraße nach Lörieth und wandern zum *Flugplatz* hinauf. Unser Weg zieht um den *Flugplatz* herum und nach *Salz.*

Über die *Frauenbergstraße*, am *Friedhof* vorbei, über die *Eisenbahnbrücke* zur *Kirche*. Über die *Hauptstraße* und den *Centplatz*, durch das Saaletal und über die *Saalebrücke* nach *Bad Neustadt* zurück.

Zu Tour 33 **Bad Neustadt an der Saale, Stadtansicht mit katholischer Pfarrkirche** (Foto: Kurverwaltung Bad Neustadt GmbH)

34 Von Bad Kissingen nach Bad Bocklet

Verkehrsmöglichkeiten A 7 Fulda – Würzburg, Ausfahrt Bad Kissingen. Schnittpunkt der Bundesstraßen 286 und 287. Bahnverbindung mit Würzburg und Gemünden. Busverbindung mit Berlin, Frankfurt, Würzburg, Fulda und über Bad Bocklet und Aschach nach Bad Neustadt/S.
Parkmöglichkeiten Viele, aber oft belegte Parkplätze im Zentrum, günstiger ist das Parken westlich der Saale.
Wegmarkierungen Roter Winkel bis Aschach, dann ohne durchgehende Markierung.
Tourenlänge 17 Kilometer.
Wanderzeit 5 Stunden.
Höhenunterschiede Etwa 150 Höhenmeter.
Wanderkarte Naturpark Rhön 1:50000, Südblatt.
Wissenswertes *Bad Kissingen* blickt auf eine große Vergangenheit zurück. Bereits im 16. Jh. wurde das Bayerische Staatsbad

Bad Bocklet
Hutwald
Aschach
Stellberg
Aschach
Eichelberg
Mühlberg
Großenbrach
Luitpold-
sprudel
Wehrhaus
Klauswald
Fränkische
Saale
Kleinbrach
Saale
Fränkische
Hausen
Klosterhausen
Nüdlinger
Bach
Altenburger-
haus
Kaskadental
Obere Saline
Steinkuppel
Steinhof
Friedrichshall
Ilgenberg
Saline Kissingen
Sinnberg
Flug-
platz
Auschlag
Fränkische
BAD KISSINGEN
B 287
Ludwigsturm
Staffelsberg
0
1 km
Garitz
Saale

als Kurort bezeichnet. Kaiser, Könige und berühmte Künstler waren häufig zu Gast. Balthasar Neumann wurde mit der Errichtung der Kurbauten betraut und entdeckte zusammen mit dem Apotheker Boxberger die Rakoczyheilquelle. Von Neumanns Bauten ist jedoch nur wenig erhalten. Die klassizistischen Gebäude von Gärtner und Littmann prägen das Bild der Kuranlagen. Heute stehen den Gästen sechs verschiedenartige Heilquellen zur Verfügung.

Im Gegensatz zu Bad Kissingen wirkt *Bad Bocklet* gemütlich und wird gerne Biedermeierbad genannt. Das ehemalige Bauerndorf ist seit 1766 Heilbad und verfügt über eine sehr starke Stahlquelle. Sie wurde von B. Neumann gefaßt.

Anmerkung Zwischen Bad Kissingen und Bad Bocklet finden in den Sommermonaten historische Postkutschenfahrten statt. Zwischen Rosengarten und Saline verkehrt ein Motorboot. Zum Wildpark fährt das gemütliche Kurbähnle. Auskunft und Anmeldung beim Postamt. Nordwestlich von Aschach ab Parkplatz

Zu Tour 34 **Bad Bocklet, Postkutsche**

(Foto: Staatliche Kurverwaltung Bad Kissingen)

Zu Tour 34, 62, 63 **Bad Kissingen, Dampferle-Pendelverkehr auf der Fränkischen Saale** (Foto: Staatliche Kurverwaltung Bad Kissingen)

»Hirschtränke« beginnt ein gleichnamiger 2,5 Kilometer langer Vogelkundepfad.

Tourenbeschreibung Von der Ecke *Ludwigbrücke/Bismarckstraße* zum *Schweizerhaus.* (Roter Winkel des Main-Werra-Weges, siehe Tour 63.) Wir wandern am *Waldpfad Kaskadental* vorbei nach *Aschach,* Ortsteil von Bad Bocklet. Über *Burgweg* und *Schloßstraße* spazieren wir in den Ort und überqueren den Fluß *Aschach.* Eine Treppe führt uns an der *Kirche* vorbei in die *Obere Gasse.* Wir treffen auf das schwarze Dreieck (mit Querstrich). Das Wegzeichen führt uns aus dem Ort. Wir überqueren die *Saale* und flanieren durch die *Kuranlagen* von *Bad Bocklet.* Die Markierung BB 2 führt uns aus dem Kurpark über den *Stellberg* nach *Großenbrach.* Über Kleinbrach erreichen wir *Hausen* und wandern über die *Saline* und die *Salinenpromenade* nach *Bad Kissingen* zurück.

35 Von Heiligkreuz ins Schondratal

Verkehrsmöglichkeiten Heiligkreuz, Gemeinde Wartmannsroth, liegt abgeschieden im Südwesten der Bayerischen Rhön. Sehr dünne Busverbindung mit Hammelburg.
Parkmöglichkeiten Wanderparkplatz in der Ortsmitte.
Wegmarkierungen Rundweg Nr. 1.
Tourenlänge 8 Kilometer.
Wanderzeit 2 Stunden.
Höhenunterschiede Etwa 80 Höhenmeter.
Wanderkarte Naturpark Rhön 1:50000, Südblatt.
Anmerkung Die Wanderung verläuft über den Rhön-Spessart-Wanderweg und überschreitet die Naturparkgrenzen. *Heiligkreuz* eignet sich sehr gut als Ausgangspunkt für ausgedehntere Wanderungen im Schondratal. Die Wandertafel auf dem Parkplatz bietet vielfältige Anregungen.
Tourenbeschreibung Vom *Wanderparkplatz* über die *Heiligkreuzstraße* in die Straße *Am Buch* und hinauf in den Wald. Wir bleiben auf dem breiten Forstweg recht weit oberhalb der Schondra, hören ihr Rauschen, bekommen sie aber selten zu

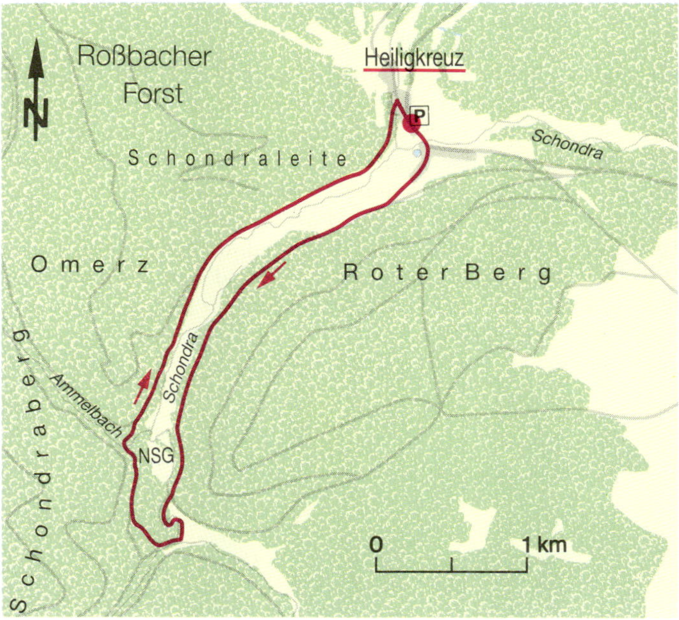

Zu Tour 34 **Bad Bocklet, Kurgarten**

(Foto: Staatliche Kurverwaltung Bad Kissingen)

Gesicht. Nach etwa vier Kilometern haben wir den Wendepunkt unserer Wanderung erreicht. Ein Wegweiser führt uns nach rechts und steil bergab. Über eine Wiese erreichen wir den *Schondrasteg*. Wir überqueren den wild rauschenden Bach, halten uns rechts, überschreiten ein Bächlein und erreichen auf weichem Waldweg eine breite Forststraße. Hier nach rechts. Bald wieder nach rechts, steil hinab und über den *Ammelbach*. Wir wandern bergauf durch den Laubwald und erreichen eine breite Forststraße. Sie führt uns recht nah am Ufer der Schondra zurück nach *Heiligkreuz*.

36 Ein Besuch im Erlebnisbergwerk Merkers

Vielfältig sind die landschaftlichen Schönheiten der Rhön, erstaunlich ihre unterirdischen Schätze. Das Erlebnisbergwerk Merkers erlaubt uns einen Einblick in die Welt unter Tage.

Vor Ort wird man mit der nötigen Kleidung und Ausrüstung versorgt. Mit dem Förderkorb fährt man auf 750 Meter Tiefe. Im unterirdischen Museum werden die technischen Entwicklungen des Kalibergbaues anschaulich dargestellt. Eine Rundfahrt führt über 20 Kilometer durch das Grubenfeld zum weltweit einzigen unterirdisch tätigen Schaufelradbagger und zum sog. Goldraum. Hier wurde der Goldbestand des zusammenbrechenden Dritten Reiches vergeblich vor den Alliierten verborgen. Faszinierend ist die Kristallgrotte, eine in Jahrmillionen gewachsene glitzernde Wunderwelt mit Kristallen bis zu anderthalb Metern Kantenlänge. Sie wurde erst 1980 entdeckt.

In Merkers erwartet den Besucher nicht nur ein beeindrukkendes Naturerlebnis, sondern auch ein industrielles Mammutunternehmen mit langer Tradition. Schon die Kelten nutzten die Solequellen in der Thüringischen Rhön. Im frühen Mittelalter entstanden Salzsiedeanlagen und Ende des 19. Jahrhunderts wurde dem Steinsalz mit tiefen Bohrungen nachgespürt. Wenig später, im Jahr 1925, nahm die Kalifabrik Merkers ihre Arbeit auf. Jeden Tag werden bis zu 20000 Tonnen Kalisalze gefördert und zu Düngemitteln und Industriesalzen verarbeitet. Jedes Jahr wird das riesige unterirdische Wegenetz, das bereits Stadtgröße erreicht hat, um fünf Kilometer erweitert.

Das Erlebnisbergwerk Merkers liegt an der B 62 zwischen Bad Salzungen und Dorndorf im Werratal und ist mit der Bahn gut zu erreichen. Für Kinder unter zehn Jahren ist leider keine Einfahrt möglich. Kinder von zehn bis zwölf Jahren können nur an Wochenenden, in der Betriebspause und an förderfreien Tagen einfahren. Nähere Auskünfte erteilt auch das Verkehrsbüro in Bad Salzungen.

37 Die Märchenhöhle in Walldorf

Reich an Sagen und Märchen ist die Rhön und eng mit dem Namen Ludwig Bechstein verbunden. Er hat uns eine Sammlung der schönsten Märchen und Sagen der Region überliefert. In Walldorf nahe Meiningen an der Werra haben Märchen Gestalt angenommen. Hier hat man 1957 eine alte Sandsteinhöhle zur Schauhöhle umgestaltet und Märchenspielszenen ausgestellt.

Weniger märchenhaft ist die Entstehung der 65000 Quadratmeter großen Sandsteinhöhle. Über viele Jahrhunderte wurde im sog. Käfiggraben Sandstein gebrochen und in Heimarbeit zu Scheuersand verarbeitet. Bis zum Zweiten Weltkrieg mußte die überwiegend ärmlich lebende Bevölkerung einen großen Teil ihres Lebensunterhaltes vom Verkauf des Sandes bestreiten. Beim Abbau ließ man 2500 Säulen als Stützen stehen. So entstand ein riesiges von Menschenhand geschaffenes Höhlensystem. Die Märchenhöhle ist ein beliebtes Ziel für Familienausflüge. In der Außenanlage befindet sich ein kleines Tiergehege und ein Spielplatz.

Das über tausend Jahre alte Werradorf hat aber noch mehr zu bieten. Neben Fachwerkbauten aus dem 16./18. Jahrhundert befindet sich hier die ehemals größte Kirchenburg des Werratals, eine Wehrkirchenanlage mit runden Bastionstürmen aus dem 16. Jahrhundert. Der Judenfriedhof des Ortes reicht bis in das 17. Jahrhundert zurück.

Die Märchenhöhle ist vom 1. April bis zum 1. November täglich von 9.00 bis 17.00 Uhr geöffnet. Walldorf erreicht man bequem mit der Werratalbahn auf der Strecke Bad Salzungen – Vacha. Auskünfte erteilt die Gemeindeverwaltung.

38 Das Rhöner Museumsdorf in Tann

Im Laufe der letzten Jahrzehnte ist die traditionelle Landwirtschaft in der Rhön immer weiter zurückgegangen. Wer heute einen Einblick in das traditionelle bäuerliche Leben gewinnen will, muß das Rhöner Museumsdorf in Tann besuchen.

Alte, zum Teil bereits baufällige Bauernhöfe, wurden in Rhöndörfern abgebrochen und in Tann wieder aufgebaut. Die Häuser, Wirtschaftsgebäude und Stallungen wurden liebevoll restauriert, die Stuben, Küchen und Werkstätten stilgerecht eingerichtet. Das Museumsdorf zeigt ein Spektrum von 250 Jahren bäuerlichen Lebens in der Rhön.

Im dazugehörigen Natur- und Jagdmuseum wird die Pflanzen- und Tierwelt in Dioramen wirklichkeitsnah und anschaulich vorgestellt, darunter auch bereits ausgestorbene Tierarten wie Wildkatze, Fischotter, Bär und Wolf.

Öffnungszeiten: April bis Oktober täglich von 10.00 bis 12.00 Uhr und von 14.00 bis 17.00 Uhr. Für Gruppen im Winterhalbjahr nach Voranmeldung bei der Stadtverwaltung.

39 Schloß Fasanerie bei Eichenzell

Schloß Fasanerie Adolphseck gilt als schönstes Barockschloß Hessens. Die beeindruckende Anlage entstand aus einem kleinen Jagdschloß, das um 1730 unter Fürstbischof Adolf von Dalberg nach den Vorstellungen Andreas Gallasinis großzügig erweitert wurde. Zu Beginn des 19. Jahrhunderts wurden Teile des Schloßinneren umgestaltet und der weitläufige Barockgarten in einen englischen Park verwandelt. Die Fasanerie vermittelt auch heute noch einen glänzenden Eindruck vom Leben des Adels.

Nähert man sich dem Schloß über die lange Allee, durchschreitet man die von Wachhäusern flankierten Tore. Über den Ehrenhof gelangt man in die mächtigen zweigeschossigen Bauten, die durch pavillonartige Verbindungen und Türme Leichtigkeit gewinnen. Die Innenräume sind mit prachtvollen Deckengemälden, Stukkaturen und Bildtapeten ausgestattet und bergen hervorragende Kunstwerke, darunter eine Zeichnung von Rubens, Ölgemälde von J. H. Tischbein d. Ä. und hervorragendes Mobiliar. Ins Schloß einbezogen ist das weltberühmte Porzellanmuseum mit Arbeiten aus China und Meißen und einer reichen Sammlung von Silbergeschirr. In der Fasanerie konzentriert sich der Kunstbesitz des Hauses Hessen-Kassel.

Öffnungszeiten: vom 1. 4.–31. 10. täglich außer montags von 10.00 bis 17.00 Uhr. Schloß Fasanerie Adolphseck, Ortsteil von Eichenzell, liegt wenige Kilometer südlich von Fulda. Autofahrer erreichen die Fasanerie über Bronnzell. Der Weg ist ausgeschildert. Busverbindung.

40 Aufstieg zur Milseburg

Verkehrsmöglichkeiten Die Milseburg bei Hofbieber-Danzwiesen liegt etwa 20 Kilometer östlich von Fulda und ist gut über den Hochrhönring zu erreichen.
Parkmöglichkeiten Parkplatz Wendebuche oder Milseburg.
Wegmarkierungen Schilder Prähistorischer Wanderpfad.
Tourenlänge 3 Kilometer.
Wanderzeit 1 Stunde.
Höhenunterschiede Etwa 190 Höhenmeter.
Wanderkarte Naturpark Rhön 1:50000, Nordblatt.
Wissenswertes Der Weltreisende und Naturforscher Alexander von Humboldt lobte die legendenumwobene *Milseburg* als schönsten Berg. Die Sage erzählt, der Teufel habe den Berg in Form eines Sarges über den toten Riesen Mils aufgetürmt.

Auf der 835 Meter hohen Phonolithkuppe, einem ehemaligen Vulkan, befindet sich die größte Ringwallanlage der Rhön, eine stadtartige Anlage im Übergangsbereich keltischen und germanischen Lebensraumes. Der Steinwall der Anlage ist leider um die Jahrhundertwende teilweise zum Eisenbahnbau abgetragen worden. Die drei Walltore der Anlage sind heute nicht mehr zu sehen. Durch den nördlichen Eingang führt heute die Zufahrtsstraße für die bewirtschaftete Hütte. Etwas oberhalb liegt die Sankt-Gangolfs-Kapelle. Sie steht vermutlich auf einem vorchristlichen Heiligtum. Auf dem höchsten Fels ragt eine barocke Kreuzesgruppe empor.

Die vorgeschichtlichen Grabungsfunde, die bis ins 18. Jahrhundert v.Chr. reichen, werden im Vonderau-Museum Fulda und im Landesmuseum Kassel aufbewahrt. Außerdem wurden Reste einer frühmittelalterlichen Burg entdeckt. Die Milseburg ist ein beliebtes, an Feiertagen auch überlaufenes Ausflugsziel.
Tourenbeschreibung Vom *Parkplatz* spazieren wir über den *Gangolfsweg* zum Fuß der Milseburg. Hier beginnt der Prähistorische Wanderpfad mit einer Übersichtstafel. Der Aufstieg erfolgt am *Kälberhutfelsen* (Tafel 1) und führt zum *Wohnsitz der Edlen.* Nach einem Abstecher zum *Gangolfsfelsen* erreicht man den *Gangolfsbrunnen,* den der Heilige der Legende nach in seinem Sacktuch von Fulda herbeigetragen haben soll. Die Stationen sind kaum zu verfehlen und informieren über Alltag und Religion der Kelten. Der Gipfel der Milseburg wird vom Pfad nicht berührt, einen Abstecher zur *Kapelle* und zur *Kreuzesgruppe* mit der großartigen Rundsicht sollte man aber nicht versäumen.

41 Rund um die Steinwand

Verkehrsmöglichkeiten Die Steinwand liegt etwa 16 Kilometer südöstlich von Fulda an der B 458. Busverbindung auf der Strecke Fulda – Popenhausen – Wasserkuppe – Hilders, Haltestelle Popenhausen – Steinwand/Kreuzung.
Parkmöglichkeiten Bei der Gaststätte Zur Steinwand. Für ausgedehntere Spaziergänge der Wanderparkplatz Steinwand. Der Weg ist ausgeschildert.
Wegmarkierungen Ohne durchgehende Markierung.
Tourenlänge 1,5 Kilometer.
Wanderzeit ½ Stunde.
Höhenunterschiede Etwa 50 Höhenmeter.
Wanderkarte Naturpark Rhön 1:50000, Nordblatt.
Anmerkungen Die *Steinwand* ist ein guter Ausgangspunkt für einen Spaziergang auf die Höhe zur *Maulkuppe* und zum *Fuldaer Haus.*
Wissenswertes Die *Steinwand* gehört zu den eigenartigsten Felsformationen in der Rhön. Sie besteht aus senkrecht abfallendem Phonolithfels von 15–20 Metern Höhe. Wegen des hellen Tons, der beim Hammerschlag entsteht, wird Phonolith auch Klingstein genannt. Die Steinwand bietet Kletterern Schwierigkeitsgrade von III und IV. Zwischen der vorderen Steinwand

mit ihren hohen Säulen und der hinteren Steinwand mit ihren hingestreuten Brocken liegt eine Erhebung. Hier soll der Sage nach der Teufel gepredigt haben.

Tourenbeschreibung Dem Wegweiser *Steinwand-Felsen* folgen wir mit dem schwarzen Tropfen gegen die Spitze, bis wir kurz vor einem Forstweg stehen. Hier wenden wir uns nach rechts und wandern auf der westlichen Seite der Steinwand ohne Markierung zurück.

42 Ein Spaziergang auf der Wasserkuppe

Verkehrsmöglichkeiten Autofahrer erreichen die Wasserkuppe über Abtsroda oder von der B 284 Gersfeld – Ehrenberg nördlich abzweigend. Busverbindung auf der Strecke Fulda – Poppenhausen – Wasserkuppe – Hilders.
Parkmöglichkeiten Auf der Wasserkuppe.
Wegmarkierungen Ohne durchgehende Markierung.
Tourenlänge 5 Kilometer.
Wanderzeit 1½ Stunden.
Höhenunterschiede Etwa 120 Höhenmeter.
Wanderkarte Naturpark Rhön 1:50000, Nordblatt.
Anmerkungen An bis zu 200 Tagen im Jahr tritt an der Wasserkuppe Nebel auf. Es ist bei schlechtem Wetter leicht möglich, sich auf der Hochebene zu verlaufen!

Der Spaziergang berührt den zehn Kilometer langen anspruchsvollen *Geologischen Lehrpfad.* Er ist mit einem weißen G auf blauem Grund gut markiert und führt in Form einer 8 über 48 Stationen von *Abtsroda* über die *Wasserkuppe* zum *Guckaisee* und zurück.

Wissenswertes Die *Wasserkuppe* ist mit 950 Metern der höchste Berg, zugleich Mittelpunkt der Rhön und beliebtes, an manchen Tagen auch überlaufenes Ausflugsziel mit gastronomischen Betrieben. Ihr zugehörig ist die Abtsroder Kuppe (905 m), die Kleine Wasserkuppe (900 m), der Pferdskopf (875 m) und die Eube (814 m). Östlich der Wasserkuppe befindet sich der bereits 1930 unter Naturschutz gestellte Schafstein mit seiner gewaltigen Blockschutthalde. Am Südosthang hinter den Startbahnen der Segelflugzeuge liegt hinter Bäumen verborgen die Fuldaquelle.

Die Wasserkuppe ist die Geburtsstätte des Segelfluges. Neben einem Segelflugmuseum befindet sich hier eine Segelflug- und eine Drachenflugschule. Viele Modellflieger finden sich ebenfalls ein. Der Berg der Segelflieger ist im Winter hessisches Skizentrum. Im Sommer wird eine Rutschbahn betrieben.

Tourenbeschreibung Von den Gaststätten und Kiosken spazieren wir links am *Zaun* des Militärgeländes vorbei. Im Süden erheben sich Himmelsdunk, Kreuzberg, Simmelsberg und Eier-

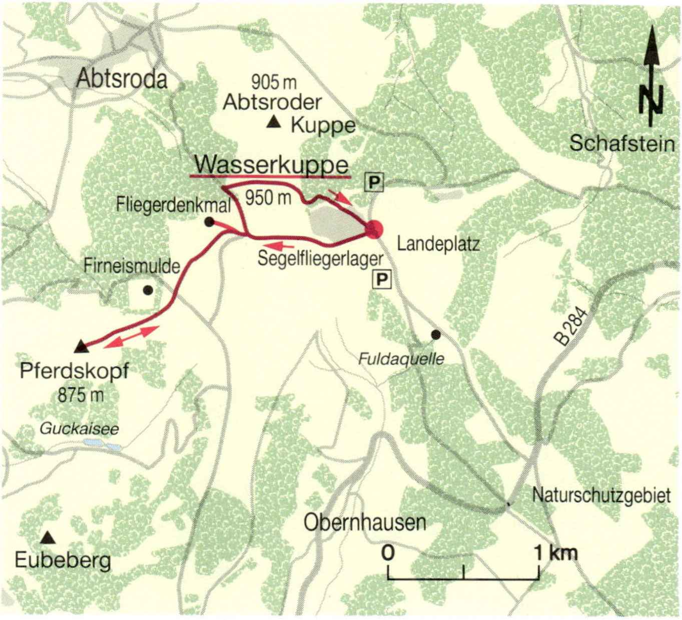

hauck, im Südwesten der Wachtküppel und der ferne Taunus. Noch vor Erreichen des Fliegerdenkmals wenden wir uns halblinks hinunter auf den Gipfel des *Pferdskopfes.* Wir passieren den *Lerchenküppel,* einen Basaltschlot und besteigen den Berg. An seinen Hängen liegen seltene Wacholdertriften.

Wir spazieren den gleichen Weg zurück und wenden uns nun nach links zum *Fliegerdenkmal.* Der Blick schweift über die Kuppenrhön mit Steinwand und Milseburg. Vom Fliegerdenkmal wandern wir wieder hinauf zum Zaun und am *Skilift* und der *Rutschbahn* vorbei zurück zum Ausgangspunkt.

43 Ein Streifzug durchs Schwarze Moor

Verkehrsmöglichkeiten Das Schwarze Moor liegt an der Hochrhönstraße Fladungen – Bischofsheim.
Parkmöglichkeiten Parkplatz Schwarzes Moor.
Wegmarkierungen Schilder.
Tourenlänge 2,5 Kilometer.
Wanderzeit 1 Stunde.
Höhenunterschiede Unwesentlich.
Wanderkarte Naturpark Rhön 1:50000, Nordblatt.
Wissenswertes Das *Schwarze Moor* liegt im Dreiländereck Hessen, Bayern, Thüringen. Es wurde bereits 1939 als Natur-

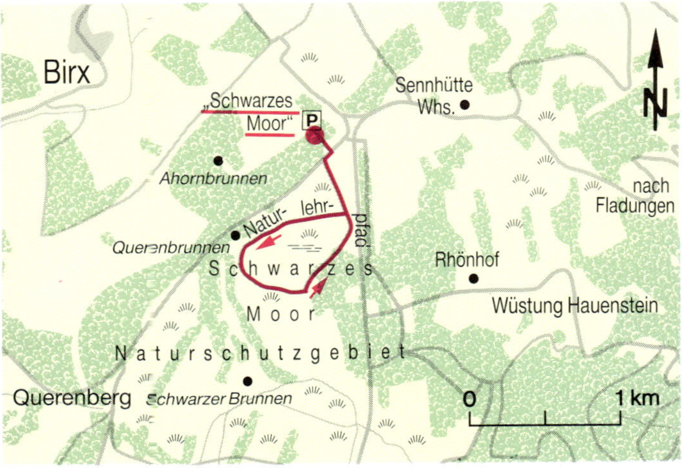

schutzgebiet ausgewiesen. Mit 60 Hektar ist es das größte Moor der Rhön. Es entstand vor 12000 Jahren, also nach der letzten Eiszeit, aus dem Zusammenwirken von großer Feuchtigkeit und wasserundurchlässigem Untergrund. Das Moor ist Lebensraum hochspezialisierter und seltener Pflanzen wie Sonnentau, Wollgras und Moosbeere.
Tourenbeschreibung Vom *Parkplatz* folgen wir den Wegweisern zum nahen *Schwarzen Moor*. Ein Naturlehrpfad führt über 22 Stationen durch die Moorlandschaft und erklärt die Zusammenhänge in diesem seltenen Biotop.

44 Rundweg im Roten Moor

Verkehrsmöglichkeiten Das Rote Moor liegt an der B 278 zwischen Wüstensachsen und Bischofsheim.
Parkmöglichkeiten Parkplatz Moordorf.
Wegmarkierungen Schilder.
Tourenlänge 3 Kilometer.
Wanderzeit 1 Stunde.
Höhenunterschiede Unwesentlich.
Wanderkarte Naturpark Rhön 1:50000, Nordblatt.
Wissenswertes Im Gegensatz zum Schwarzen Moor ist das *Rote Moor* durch den Torfabbau stark geschädigt. Der Torf wurde

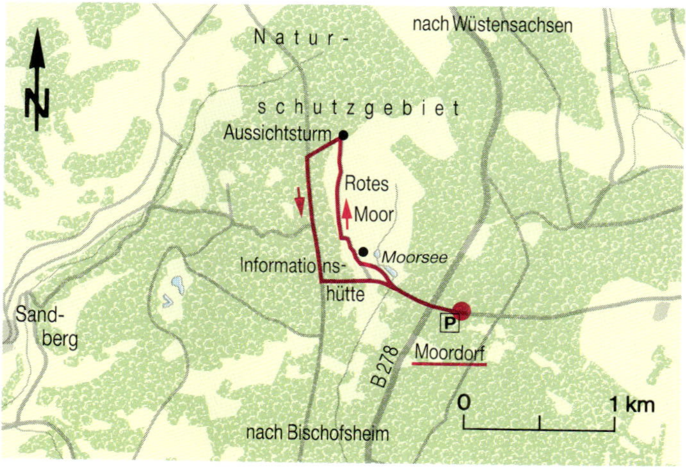

für die Moorbäder in Bad Kissingen, Bad Brückenau und Bad Neustadt verwendet. Heute steht das Rote Moor unter Naturschutz. Man versucht die Schäden durch Wiedervernässung zu mindern. Besonders eindrucksvoll sind die Karpatenbirkenwälder. Von der alten Dorfstelle beim Roten Moor ist noch der Brunnen erhalten.

Tourenbeschreibung Vom *Parkplatz* folgen wir dem Wegweiser, überqueren vorsichtig die Verkehrsstraße und spazieren am *Moorsee* entlang zur *Informationshütte*. Ein Plankenweg führt uns zum *Aussichtsturm*. Wir können ins Rote Moor hinabschauen und die Renaturierungsmaßnahmen begutachten. Auf einem Waldweg wandern wir am Rand des Moores zurück.

45 Der Hochwildschutzpark bei Gersfeld

Der Wildpark bei Gersfeld gehört zu den drei anerkannt schönsten und beispielhaft in die Landschaft einbezogenen Wildparks Europas. Er beherbergt überwiegend einheimische Wildarten wie Rot-, Dam- und Schwarzwild, Kleintiere wie Kaninchen und Rebhühner, aber auch Wildtiere aus fremden Regionen wie Gemsen, Steinböcke und Dybowski-Hirsche.

Zu Tour 45 **Jugendherberge Gersfeld** (Foto: Deutsches Jugendherbergswerk)

Zu Tour 45, 65 **Gersfeld/Rhön, Rokoko-Saal im Barockschloß**
(Foto: Kurverwaltung Gersfeld/Rhön)

An den Futterstellen kann das Wild aus der Nähe beobachtet werden. An den Teichen hat eine Vielzahl Wildvögel ihre Heimat gefunden. Kinder erwartet ein Streichelzoo und ein Spielplatz. Der Wildpark ist von bequemen Rundwanderwegen durchzogen und lädt an vielen idyllischen Stellen zum Verweilen ein.

Er liegt nur fünfzehn Gehminuten von Gersfeld entfernt. Gersfeld erreicht man ab Fulda über die B 27 bis Döllbach und weiter über die B 279, die sich bei Gersfeld mit der Hochrhönstraße schneidet. Bahn- und Busverbindung.

Öffnungszeiten: täglich von 9.00 bis 18.00 Uhr, im Winter von 10.00 bis 16.00 Uhr. Nähere Auskunft erteilt die Kurverwaltung Gersfeld.

46 Rundweg auf dem Kreuzberg

Verkehrsmöglichkeiten Von Bischofsheim führt eine Straße über Haselbach zum Kreuzberg. Busverbindung mit Bad Neustadt/S. über Bischofsheim, nach Fulda und über Bad Brückenau nach Jossa.
Parkmöglichkeiten Unterhalb des Klosters.
Wegmarkierungen Ohne durchgehende Markierung.
Tourenlänge 1,5 Kilometer. **Wanderzeit** ½ Stunden.
Höhenunterschiede Etwa 100 Meter.
Wanderkarte Naturpark Rhön 1:50000, Südblatt.
Anmerkung Am Parkplatz informiert eine Tafel über acht Rundwanderungen von drei bis fünf Kilometern Länge im Bereich des Kreuzberges.
Wissenswertes Der *Kreuzberg* ist der Heilige Berg Frankens. Der ehemalige Vulkan ist mit 928 Metern der zweithöchste Gipfel der Rhön und seit Jahrhunderten das Ziel vieler Wallfahrer. Hier soll im Jahr 686 der heilige Kilian, Apostel der Franken, einen heidnischen Opferstein gestürzt und ein Holzkreuz errichtet haben. Auf dem Berg befinden sich Reste einer hallstattzeitlichen Ringwallanlage. Das Franziskanerkloster entstand Ende des 17. Jahrhunderts und verfügt über eine berühmte Klosterschenke. Seit 1731 wird hier ein beliebtes untergäriges Bier ge-

Zu Tour 45 **Gersfeld/Rhön, Marktplatz** (Foto: Kurverwaltung Gersfeld/Rhön)

braut. Etwa 100 Meter östlich des Gipfelkreuzes liegen Basaltblöcke im Wald, das sog. Johannisfeuer. Ein Gedenkstein erinnert an Pfarrer Leopold Höhl. Er war ein Förderer des Wandergedankens in der Rhön.

Tourenbeschreibung Vom *Parkplatz* entlang der Straße zum *Kloster*. Von der *Kirche* ausgehend folgen wir dem *Kreuzweg* zur *Kreuzigungsgruppe*. Vor uns liegt der Arnsberg, dahinter die Hochrhöngipfel und das Plateau der Langen Rhön. Weiter zum *Gipfelkreuz* und zum *Sendemast*. Wir halten uns nördlich, spazieren halblinks am Waldrand entlang und treffen kurz vor den Skiliften auf das rote Dreieck (gegen die Spitze). Es führt uns zum *Kloster* zurück.

47 Der Schillerweg von Meiningen nach Bauerbach

Verkehrsmöglichkeiten Meiningen, die Kreisstadt an der Werra, liegt an der B 19 zwischen Eisenach und Bad Neustadt. Bahnverbindung Richtung Schweinfurt, Eisenach, Erfurt und Sonneberg. Busverbindung mit Bauerbach.

Parkmöglichkeiten In der Stadt. Wer auf die Stadtwanderung verzichten will, kann am Stillhof parken.

Wegmarkierungen Grüner Winkel.

Tourenlänge 14 Kilometer. **Wanderzeit** 4 Stunden.

Höhenunterschiede Etwa 270 Höhenmeter.

Wanderkarte Landkreis Meinigen 1:50000.

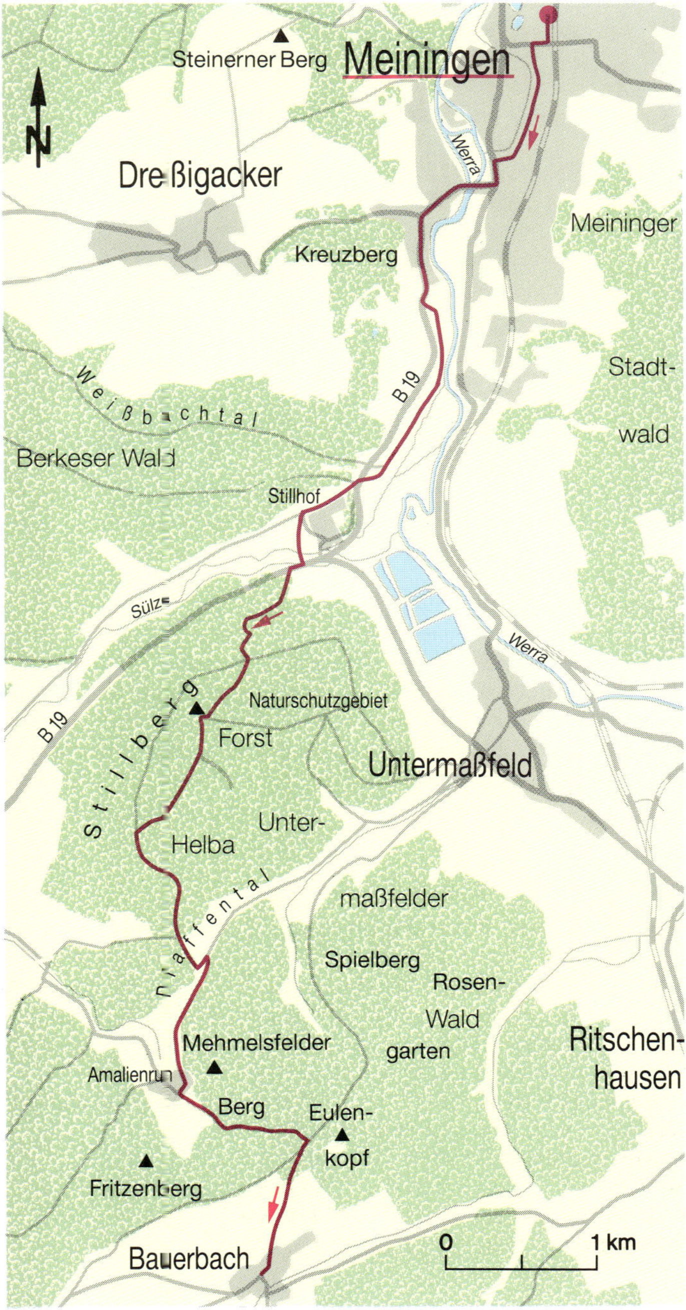
Steinerner Berg
Meiningen
N
Werra
Dreßigacker
Meininger
Kreuzberg
Stadt-
wald
B 19
Weißbachtal
Berkeser Wald
Stillhof
Sülze
Werra
Stillberg
Naturschutzgebiet
Forst
Untermaßfeld
B 19
Unter-
Helba
Naffental
maßfelder
Spielberg
Rosen-
Wald
garten
Ritschen-
hausen
Mehmelsfelder
Amalienruh
Berg
Eulen-
kopf
Fritzenberg
Bauerbach
0
1 km

Wissenswertes In *Meiningen* können wir das Wohnhaus des Liederdichters Rudolf Baumbach in der Burggasse besichtigen. Neben vielen schönen Fachwerk- und Bürgerhäusern finden wir eindrucksvolle Bauwerke aus der wechselhaften Geschichte der Stadt, darunter das Schloß Elisabethenburg mit prunkvollen Schauräumen und das bekannte Meininger Theater. Zu *Bauerbach* und *Amalienruhe* siehe Tour 14.

Tourenbeschreibung Wir kommen aus dem Zentrum *Meiningens,* überqueren die *Werra,* verlassen die Stadt auf der *Hennebergstraße* (B 19) und biegen links ab in den *Walkmühlenweg.* Wir erreichen wieder die Bundesstraße, wechseln mit größter Vorsicht auf die andere Straßenseite und gehen nach links bis zur Bushaltestelle *Stillhof.* Der Wanderweg zieht nun nach rechts und trifft wieder auf die B 19, der wir etwa 200 Meter nach rechts folgen, dann links abbiegen. Nun beginnt der lange und steile Aufstieg durch den Buchenwald zum *Stillberg* (463 m). Der Wanderweg ist in kurzen Abständen vorbildlich markiert und mit einiger Aufmerksamkeit nicht zu verfehlen. Am *Trigonometrischen Punkt* haben wir 190 Meter Höhenunterschied bewältigt. Wir steigen hinab und treten bei einem Acker aus dem Wald. Der Wanderweg zieht nun im Zickzack um den Acker herum und führt nach *Amalienruhe.* Wir durchqueren die ehemalige Sommerresidenz, biegen links ab und steigen wieder in den Wald hinauf. Hinter der Höhe wendet sich der Wanderweg nach rechts und führt bergab nach *Bauerbach.*

Zu Tour 47 **Bauerbach, Ortsansicht** (Foto: Michael Walke)

48 Von Maria Bildhausen nach Münnerstadt

Verkehrsmöglichkeiten Maria Bildhausen liegt östlich von Münnerstadt. Mit dem Pkw über Kleinwenkheim. Münnerstadt erreicht man über die B 19. Gute Bahn- und Busverbindungen ab Münnerstadt.
Parkmöglichkeiten Beim Kloster.
Wegmarkierungen Blaues Dreieck (offen).
Tourenlänge 9 Kilometer.
Wanderzeit 2½ Stunden.
Höhenunterschiede Etwa 120 Höhenmeter.
Wanderkarte Fritsch Wanderkarte Naturpark Rhön 1:50000.
Wissenswertes Das Kloster *Maria Bildhausen* wurde in Kriegen und während der Säkularisierung weitgehend zerstört. Am verbliebenen Rest läßt sich seine einstige Bedeutung erahnen. Das Kloster verfügt über eine gute Schenke.

Münnerstadt bezaubert durch das mittelalterliche Stadtbild und bietet eine Fülle an Sehenswürdigkeiten. Der Magdalenen-Altar Tilmann Riemenschneiders von 1492 und die Bildtafeln zur Kilianslegende von Veit Stoß in der Stadtpfarrkirche sind Meisterwerke der christlichen Kunst.

Zu Tour 14 **Henneberg, Dorfkirche** (Foto: Michael Walke)

Maria Bildhausen
Kloster
Staatsforst
Bildhausen
Südwest
N
Winterholz
Burglauer
B 19
Kleiner
Höhberg
Esenberg
Wartturm
Schlegelwarte
Gehäg
Fridritt
B 19
Aspich
Klein-
wenkheim
Wambergs-
mühle
Lauer
P
Bahnhof
P
Münnerstadt
Lauer
Althausen
Brünn
Wermerichs-
hausen
0
1 km

Tourenbeschreibung Wir überqueren die Straße Kleinwenkheim – Rheinfeldshof und wandern an der *Klostergärtnerei* vorbei hinauf in den Wald. Der Wanderweg berührt den nördlichen Ortsrand von *Fridritt*. Etwa zwei Kilometer hinter Fridritt biegt der Wanderweg hinter einem Wäldchen links ab und führt durch die Flur. Wir erreichen *Münnerstadt* auf der *Zehntstraße*.

49 Auf dem Ulrich-von-Hutten-Pfad von Bad Brückenau nach Vollmerz

Verkehrsmöglichkeiten A 7 Fulda – Würzburg, Ausfahrt Bad Brückenau. Über die B 27 und die B 286. IC-Bahnhof Fulda mit Schnellbusverbindung nach Bad Brückenau. Busverbindung von Vollmerz nach Bad Brückenau mit Umsteigen in Jossa. Jossa ist Eilzughaltestelle auf der Strecke Fulda – Würzburg.
Parkmöglichkeiten Stadtmitte.
Wegmarkierungen Gelbes Dreieck.
Tourenlänge 20 Kilometer.
Wanderzeit 5 Stunden.
Höhenunterschiede Etwa 500 Höhenmeter.
Wanderkarte Naturpark Rhön 1:50000, Südblatt.
Anmerkungen Für den Ulrich-von-Hutten-Pfad kann eine Wanderplakette erworben werden. Der Wanderpaß ist bei der Geschäftsstelle des Rhönklubs in Fulda erhältlich.
Wissenswertes Auf der *Steckelburg* wurde am 21. April 1488 der Dichter und Revolutionär Ulrich von Hutten geboren. In seinen Schriften bekämpfte er das damalige Papsttum. Er führte ein unstetes Leben, kehrte aber wiederholt auf die Burg zurück. Der radikale Streiter starb völlig verarmt im August 1923 auf der Insel Uferau im Zürichsee. (Zu *Bad Brückenau* siehe Tour 31.)
Tourenbeschreibung In der *Ludwigstraße*/Ecke *Kapellengasse* im Zentrum von *Bad Brückenau* beginnt die Markierung. Wir wandern an der Friedhofsmauer entlang bergauf und erreichen eine Gabelung, halten uns links und tauchen in den Wald. Auf verschwiegenen Pfaden, mehrere breite Forstwege querend, erreichen wir nach etwa anderthalb Kilometern eine Forststraße, der wir etwa 500 Meter folgen, dann nach rechts in einen schmalen Pfad einbiegen. Kurz hinter der *Luitpoldhütte* nach rechts und auf dem sog. *Senderweg* nach *Volkers*.

Am *Sägewerk* wendet sich unser Weg zu Tal, steigt wieder auf und erreicht die von alten *Grenzsteinen* markierte hessisch-bay-

Kleiner Nickus
Alte Rainsmühle
Schmale Sinn
Oberzell
Sandberg
Rastplatz
Schreibersbrunnen
Dickwald
Anschlußstelle
Bad Brückenau
A7
Rehheckenwald
Römershager Forst
Kloster
Volkersberg
Staatsforst
Volkers
B 27
Altengronau
Haag
Luitpold-
hütte
Ulrich- von- Hutten- Pfad
B 286
Gemeinde
Züntersbach
Hartwald
Staatsbad Brückenau
Sinntal
0
1 km
Bad Brückenau
Sinn
Sinnthalshof

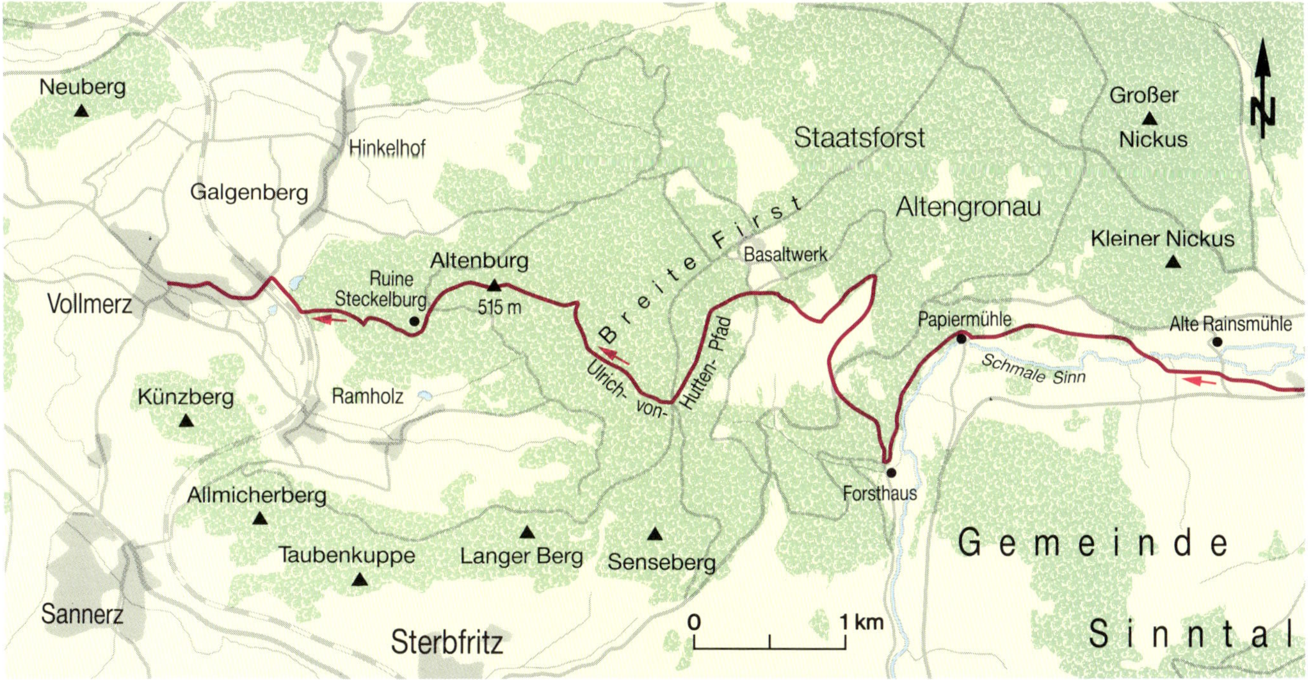

N
Neuberg
Großer Nickus
Staatsforst
Hinkelhof
Galgenberg
Altengronau
Kleiner Nickus
Breite First
Basaltwerk
Altenburg
Ruine Steckelburg
515 m
Vollmerz
Papiermühle
Alte Rainsmühle
Schmale Sinn
Ulrich-von-Hutten-Pfad
Künzberg
Ramholz
Forsthaus
Allmicherberg
Taubenkuppe
Langer Berg
Senseberg
Gemeinde Sinntal
Sannerz
Sterbfritz
0
1 km

rische Landesgrenze. Hier nach rechts und bald links haltend zum Rastplatz *Schreibersbrunnen.*

Nach etwa einem Kilometer verlassen wir den Wald, kommen durch die Flur, queren die Straße nach Züntersbach und durchwandern *Oberzell* in Richtung Weichersbach.

Am Ortsende passieren wir das *Sägewerk* und wandern auf schmalem Pfad ins Tal der *Schmalen Sinn.* Die Wegführung folgt nun dem Lauf des Baches. An der *Rainsmühle* wechseln wir zur anderen Seite und passieren die *Papiermühle.* Kurz vor Erreichen des Weichersbacher Forsthauses biegen wir rechts ab. Steil hinauf durch den Wald, die Verkehrsstraße Sterbfritz – Oberzell querend, wandern wir nun durch die Flur, biegen vor einem Rastplatz links ab, passieren ein *Basaltwerk* und erreichen nach einer längeren Waldwanderung den Berg *Altenburg* (515 m). Hier soll die erste Steckelburg gestanden haben. Ein steiler Abstieg führt uns zu einer Forststraße. Hier links und nach etwa 100 Metern steil hinauf zur *Ruine Steckelburg.* Wir wandern um den Burgberg herum und steigen nach *Vollmerz* hinab.

(Foto: Ulrich Schnabel)

Von Bad Salzungen nach Meiningen

Diese Wanderung führt über rund 85 Kilometer in vier Tagesetappen durch die Thüringische Rhön und wird im Frühjahr und im Herbst vom Verkehrsbüro Bad Salzungen organisiert. Der Rhönwanderung folgt über weite Strecken die Wegführung des Main-Werra-Weges (roter Winkel) und des Rhön-Höhen-Weges (offenes rotes Ei). Die Wandergruppen übernachten in Oechsen, Kaltennordheim und Seeba. Auskünfte erteilen das Verkehrsbüro in Bad Salzungen und »Meiningen-Information« in Meiningen.

1. Wandertag

50 Von Bad Salzungen nach Oechsen

Verkehrsmöglichkeiten Bad Salzungen liegt an der B 62 am linken Werraufer. A 4 Ausfahrt Eisenach. Bahnverbindung Richtung Vacha und auf der Strecke Eisenach – Meiningen.
Parkmöglichkeiten Beim Bahnhof.
Wegmarkierungen Roter Balken auf weißem Grund.
Tourenlänge 22 Kilometer.
Wanderzeit 5 Stunden.
Höhenunterschiede Etwa 400 Höhenmeter.
Wanderkarte Bad Salzungen 1:50000.
Wissenswertes Die Geschichte des Heilbades *Bad Salzungen,* eines der ältesten Soleheilbäder Deutschlands, ist eng mit dem Salzreichtum der Region verknüpft. Möglicherweise fand hier die von Tacitus erwähnte Schlacht der Hermunduren und Chatten 58 n. Chr. um die Salzquellen statt. Empfehlenswert ist ein Spaziergang am sagenumwobenen Burgsee zum Gradiergarten und dem Renaissancebau Haunscher Hof.
Tourenbeschreibung Vom *Bahnhof* über *Bahnhofstraße, Rhönstraße* und *Willi-Steitz-Straße* zu *An den Beeten.* Von hier führt die Markierung durch eine Schrebergartenanlage aus der Stadt. Wir wandern über den *Hundskopf* (380 m), die gleichnamige *Waldgaststätte* passierend, ins Feldatal nach *Stadtlengsfeld.* Wir verlassen die Stadt Richtung Baier (714 m), treffen im Wald auf den Weg Hohenwart – Beyershof und biegen links ab.

(Wanderer die in *Oechsen* übernachten, biegen nun nach etwa 300 Metern rechts ab und folgen der Überlandleitung.

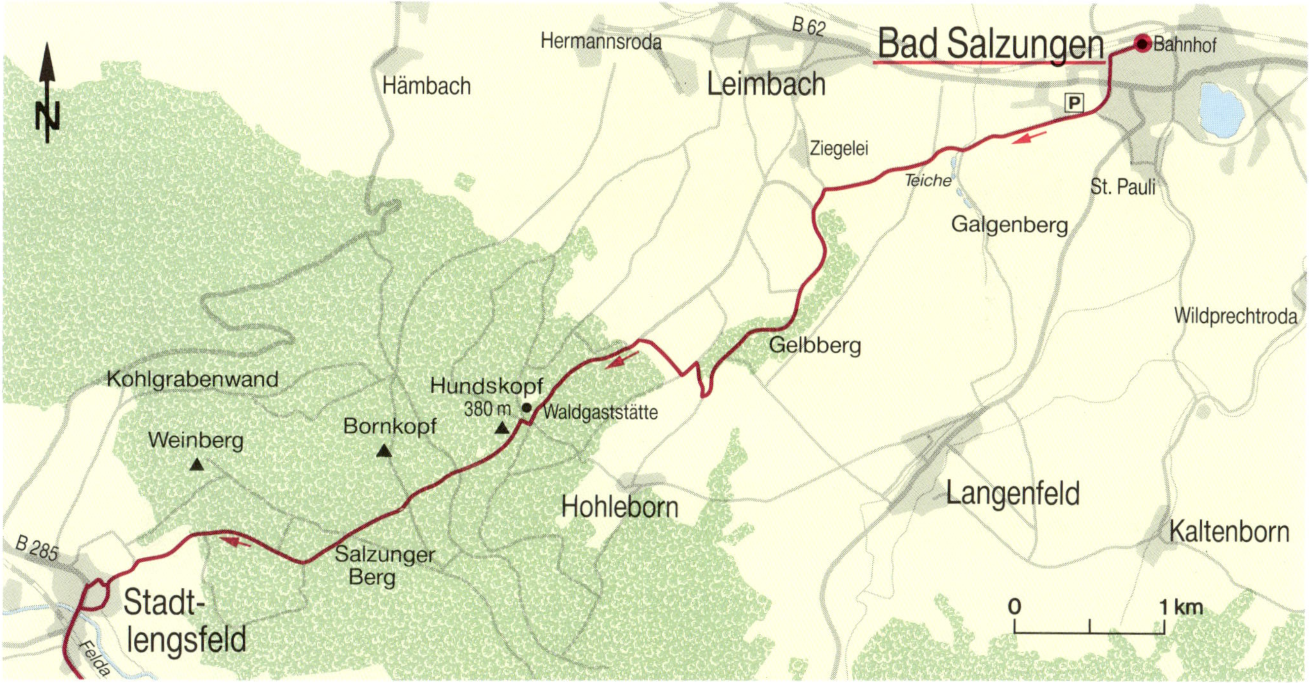
Bad Salzungen
Bahnhof
B 62
Hermannsroda
Hämbach
Leimbach
P
Ziegelei
Teiche
St. Pauli
Galgenberg
Wildprechtroda
Gelbberg
Kohlgrabenwand
Hundskopf
380 m
Waldgaststätte
Bornkopf
Weinberg
Hohleborn
Langenfeld
Kaltenborn
Salzunger
Berg
B 285
Stadt-
lengsfeld
Felda
0
1 km

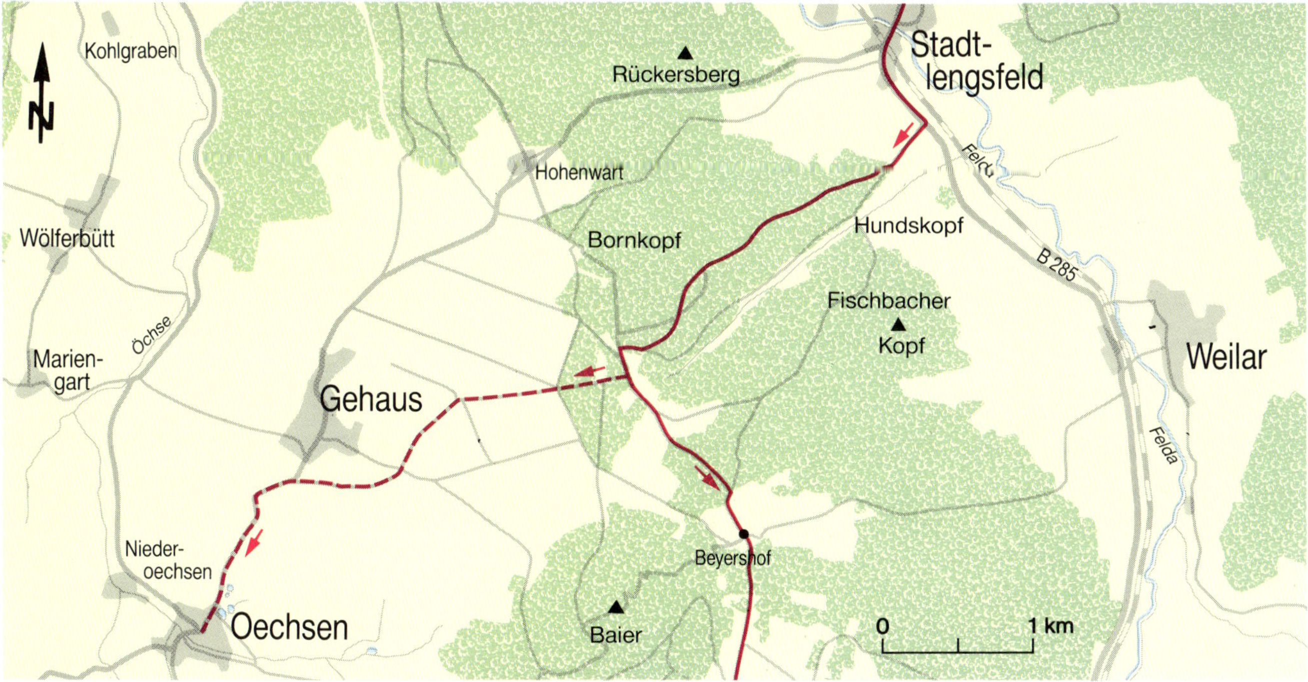
Kohlgraben
Rückersberg
Stadt-
lengsfeld
Hohenwart
Felda
Wölferbütt
Bornkopf
Hundskopf
B 285
Fischbacher
Kopf
Öchse
Marien-
gart
Weilar
Gehaus
Felda
Beyershof
Nieder-
oechsen
Oechsen
Baier
0
1 km

Durch Wald und Feld erreichen sie südlich von Gehaus die nach Oechsen führende Straße.)

Der Rhönwanderweg führt auf breitem Weg über *Bayershof* und *Unteralba* nach *Dermbach*.

2. Wandertag

51 Von Oechsen nach Kaltennordheim

Verkehrsmöglichkeiten Oechsen, Kreis Bad Salzungen, liegt zwischen Dermbach und Geisa. Busverbindung mit Bad Salzungen und Vacha. Von Kaltennordheim fährt die Feldabahn über Dorndorf nach Bad Salzungen.
Wegmarkierungen Roter Balken auf weißem Grund.
Tourenlänge 24 Kilometer.
Wanderzeit 5½ Stunden.

Zu Tour 51 **Kaltennordheim, Amtslinde und Schloß** (Foto: Michael Walke)

Höhenunterschiede Etwa 350 Höhenmeter.
Wanderkarte Bad Salzungen 1:50000.
Wissenswertes Am *Neuberg* bei Glattbach soll sich vor rund 250 Jahren der legendäre Räuber Rhönpaulus verborgen haben. Er wurde verraten, in Kaltennordheim zur Schau gestellt und am Neuberg gehenkt. (Zum *Ibengarten* siehe Tour 11, zum *Umpfen* Tour 13.)
Tourenbeschreibung (Wanderer, die in *Oechsen* übernachtet haben, verlassen den Ort auf der Straße Richtung Dermbach, biegen hinter dem Ortsausgangsschild links ab, wandern rechts am Waldrand entlang, erreichen die Verkehrsstraße wieder bei einem Lärchenwald und folgen ihr über *Oberalba* nach *Dermbach.*)

Vom Gasthaus *Sächsischer Hof* entlang der Verkehrsstraße – auf einem Feldweg parallel zu Gleisen und Straße können wir dem Verkehr ausweichen – Richtung Kaltennordheim. In Höhe

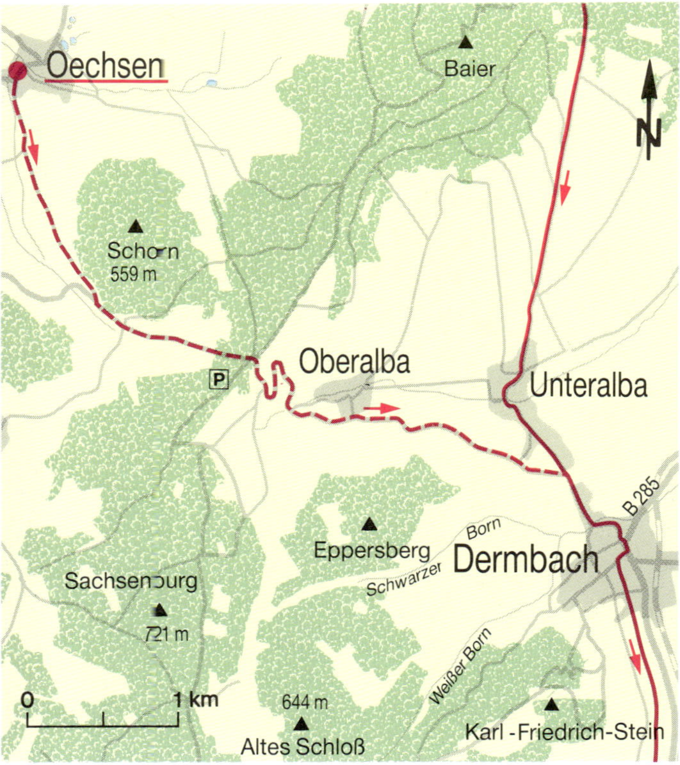

von Glattbach biegen wir links ab, überqueren die Gleise und wandern durch *Glattbach* hinauf zum *Neuberg.* Der Weg führt durch das Naturschutzgebiet *Ibengarten.* Bergan wandern wir zur *Hohen Asch* (611 m).

(Wanderer, die in *Kaltennordheim* übernachten, verlassen hier den Rhönwanderweg, gehen nach rechts und folgen einer Fahrstraße ins Feldatal, überqueren die *Felda,* durchwandern *Fischbach* und erreichen *Kaltennordheim.*)

Der Rhönwanderweg führt weiter durch den Wald und über den *Umpfen* (701 m) zur nach Kaltenlengsfeld führenden Straße.

3. Wandertag

52 Von Kaltennordheim nach Seeba

Verkehrsmöglichkeiten Kaltennordheim liegt an der B 285 zwischen Fladungen und Dermbach. Feldabahn auf der Strecke Kaltennordheim – Dorndorf – Bad Salzungen.
Wegmarkierungen Roter Balken auf weißem Grund.
Tourenlänge 22 Kilometer. **Wanderzeit** 5 Stunden.

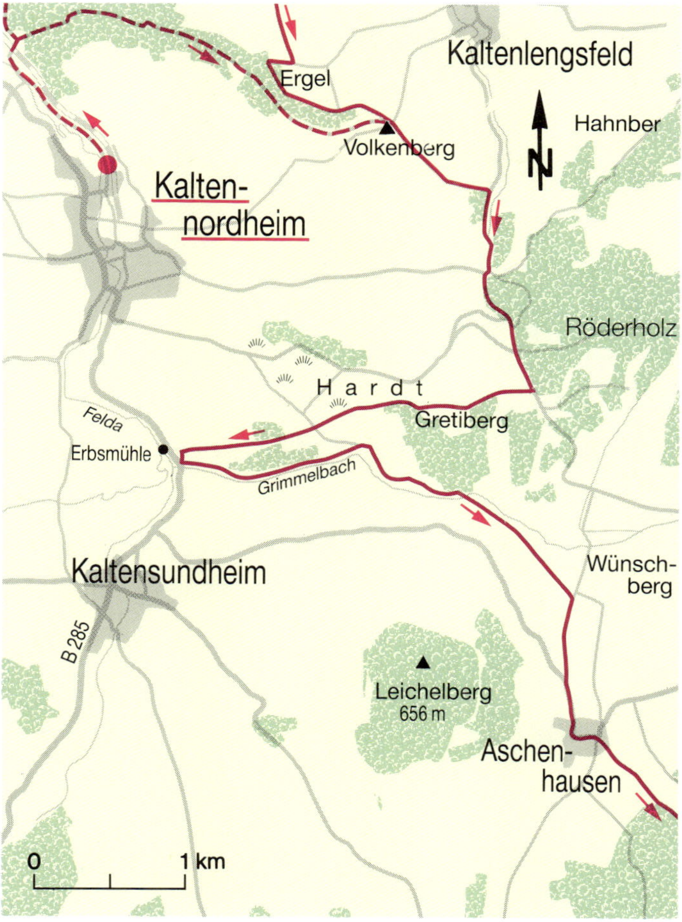

Höhenunterschiede Etwa 400 Höhenmeter.
Wanderkarte Landkreis Meiningen 1:50000.
Wissenswertes Zu *Kaltennordheim* siehe Tour 13.
Tourenbeschreibung (Wanderer, die in *Kaltennordheim* übernachtet haben, folgen dem grünen Balken des Rundwanderweges – siehe Tour 13 – zur nach Kaltenlengsfeld führenden Straße.)

Wir folgen der nach Kaltenlengsfeld führenden Straße nach rechts bis zur Straße nach Meiningen und folgen ihr ebenfalls ein kurzes Wegstück. Dann biegen wir rechts ab in einen Feldweg, der uns zum *Gretiberg* (570 m) führt. Vom *Gretiberg* wandern

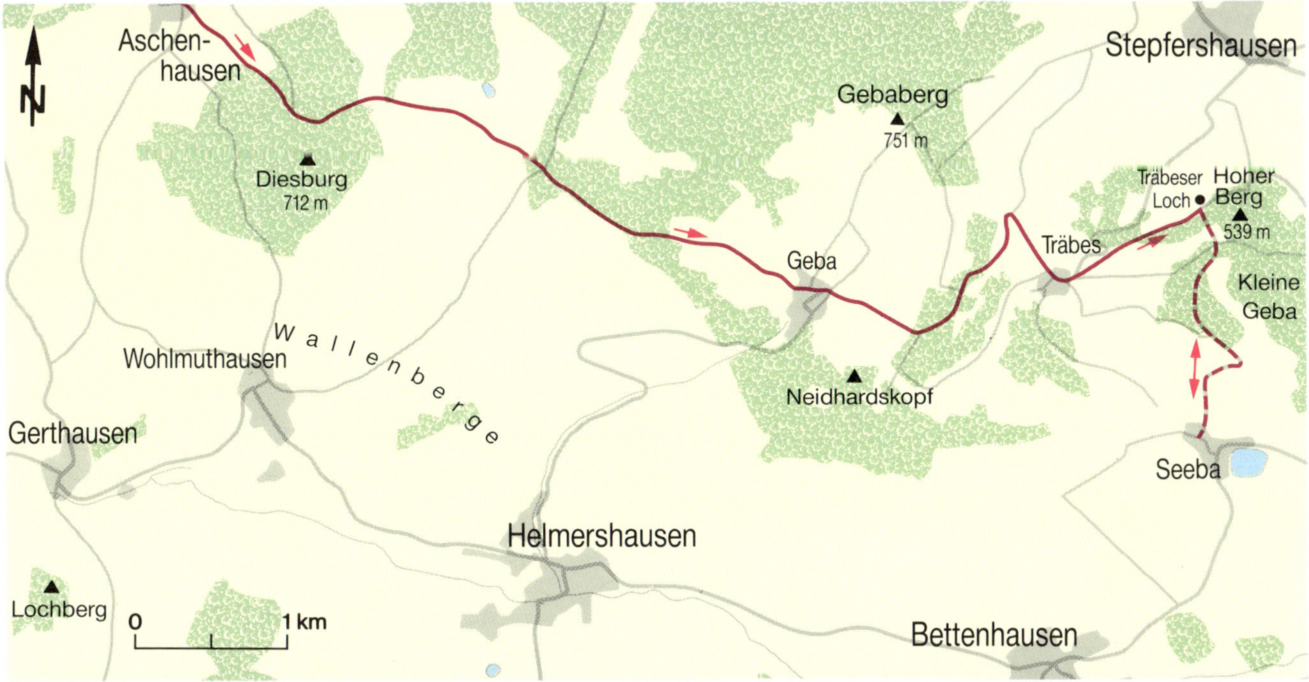

N
Aschen-
hausen
Diesburg
712 m
Stepfershausen
Gebaberg
751 m
Träbeser
Loch
Hoher
Berg
539 m
Träbes
Geba
Kleine
Geba
Wallenberge
Wohlmuthausen
Neidhardskopf
Gerthausen
Seeba
Helmershausen
Lochberg
0
1 km
Bettenhausen

Zu Tour 52 **Kaltennordheim, Schloß** (Foto: Michael Walke)

wir bergab zur *Erbsmühle.* Wir folgen dem *Grimmelbach* bergauf, passieren die *Teiche* und erreichen die Straße Kaltensundheim – Meiningen. Ihr folgen wir nach *Aschenhausen. Wir wandern am Gipfel der Diesburg* (713 m) vorbei, durchqueren *Geba* und *Träbes* und erreichen das Naturdenkmal *Träbeser Loch.*

(Wanderer, die in Seeba übernachten, folgen von hier dem grünen Diagonalstreifen des Naturlehrpfades nach *Seeba.*)

4. Wandertag

53 Von Seeba nach Meiningen

Verkehrsmöglichkeiten Der kleine Ort Seeba liegt südlich unserer Wanderroute kurz vor Herpf. Er wird nur zur Übernachtung aufgesucht. Rückkehrmöglichkeit mit der Werrabahn von Meiningen nach Bad Salzungen.
Wegmarkierungen Roter Balken auf weißem Grund.

Tourenlänge 15 Kilometer. **Wanderzeit** 4 Stunden.
Höhenunterschiede Etwa 100 Höhenmeter.
Wanderkarte Landkreis Meiningen 1:50000.
Wissenswertes Zu *Meiningen* siehe Tour 48.
Tourenbeschreibung (Wanderer, die in *Seeba* übernachtet haben wandern wieder auf dem Naturlehrpfad zum *Träbeser Loch* hinauf.)

Der Rhönwanderweg führt durch Wald und über Weideflächen am Osthang der *Gebaberges* (751 m) hinab nach *Herpf.* In der Ortsmitte verlassen wir die Straße Meiningen – Kaltennordheim nach rechts Richtung Dreißigacker, biegen aber bald links ab. Über die Herpfer Hochebene erreichen wir den *Meininger Talweg* und die *Flur Dreißigacker.* Wir passieren den *Henriettenplatz,* steigen vom aussichtsreichen *Dietzhäuschen* hinab ins Tal und erreichen *Meiningen* über die *Elisabethenbrücke.*

(Foto: Ulrich Schnabel)

Stepfershausen
Eichigkopf
Hoher Berg
Träbeser Loch
539 m
Kleine Geba
Seeba
Herpf
Herpf
Herpf
Eutel
Herpfer Wald
484 m
Großer Berg
Melkerser Wald
Meininger Stadtwald
Haßfurtsschlucht
Forst
Helba
Lotzenhackberg
Kahler Berg
Wolfsgrube
0
1 km
Welkershausen
Jerusalem
N
Werra
Werra
Dietzhäuschen
Steinerner Berg
Elisabethen-brücke
Meiningen
Dreißigacker

Der Rhön-Höhen-Weg von Burgsinn nach Bad Salzungen

Der Rhön-Höhen-Weg endete im geteilten Deutschland an der Sennhütte. Heute können wir wieder die gesamte Strecke über rund 130 Kilometer bis Bad Salzungen am Thüringer Wald wandern. Wir berühren nur wenige Ortschaften. Die Mitnahme von Proviant ist empfehlenswert. Für den Rhön-Höhen-Weg kann eine Wanderplakette erworben werden. Der Wanderpaß ist bei der Geschäftsstelle des Rhönklubs in Fulda erhältlich.

1. Wandertag

54 Von Burgsinn nach Roßbach

Verkehrsmöglichkeiten Burgsinn liegt etwa 15 Kilometer nördlich von Gemünden. Der Ort ist Eilzugstation auf der Strecke Würzburg – Gemünden – Fulda. Busverbindung auf der Strecke Gemünden – Sinntal/Jossa.
Parkmöglichkeiten Am Bahnhof.
Wegmarkierungen Rotes Ei (offen).
Tourenlänge 14 Kilometer.
Wanderzeit 3½ Stunden.
Höhenunterschiede Etwa 350 Höhenmeter.
Wanderkarte Naturpark Rhön 1:50000, Südblatt.
Wissenswertes In *Burgsinn* können wir drei Schlösser besichtigen. Die Alte Burg, eine Wasserburg mit breitem Graben, das Neue Schloß und das Fronhofer Schlößchen, ein Renissancebau.
Tourenbeschreibung Wir treten aus dem *Bahnhof,* wenden uns nach rechts, überqueren die Gleisanlagen, halten uns links und erreichen die Verkehrsstraße nach Gräfendorf. Wir folgen ihr ein kurzes Wegstück, biegen links ab und wandern durch die Felder hinauf in den Wald.

Über den *Leitweg* erreichen wir die *Hochstraße,* folgen ihr etwa 500 Meter, biegen dann links ab und steigen zum *Einertsberg* (486 m) hinauf. Auf der Höhe halten wir uns rechts. Nach etwa 500 Metern stoßen wir auf eine Forststraße, schwenken nach rechts und überqueren die *Hochstraße.* Der Weg führt unter einer *Brückenruine* hindurch – sie sollte ursprünglich der vor dem 2. Weltkrieg geplanten Rhönautobahn dienen – und läuft an der Gabelung nach links. Nach etwa einem Kilometer

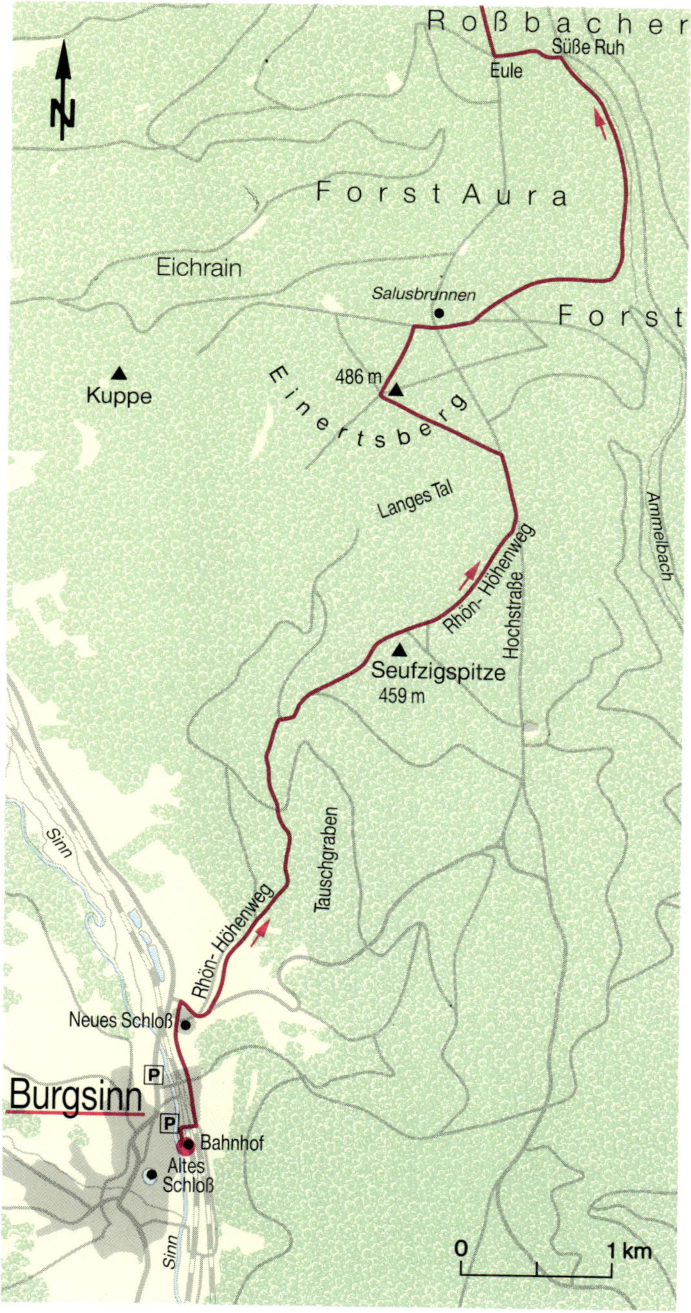

Roßbacher
Süße Ruh
Eule
N
Forst Aura
Eichrain
Salusbrunnen
Forst
486 m
Kuppe
Einertsberg
Langes Tal
Ammelbach
Rhön- Höhenweg
Hochstraße
Seufzigspitze
459 m
Tauschgraben
Sinn
Rhön- Höhenweg
Neues Schloß
P
Burgsinn
P
Bahnhof
Altes Schloß
Sinn
0
1 km

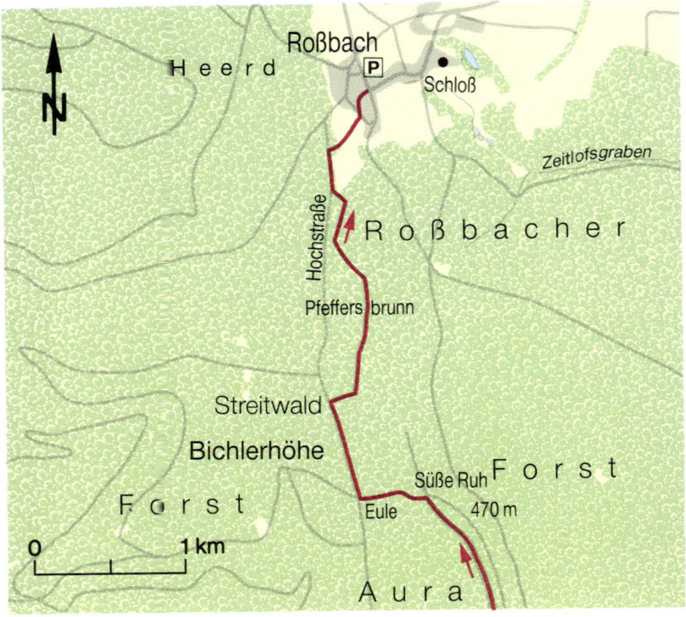

schlägt unser Weg einen Bogen nach links, folgt eine Weile dem Lauf des *Ammelbaches* und den Naturparkgrenzen von Spessart und Rhön und erreicht die *Hochstraße* an der Wegkreuzung Eule.

Der Rhön-Höhen-Weg folgt der *Hochstraße* nun etwa 600 Meter, knickt rechts ab und schwenkt bald nach links. Kurz vor Roßbach deckt sich unser Wanderweg für etwa 300 Meter wieder mit der *Hochstraße,* biegt dann rechts ab und führt nach *Roßbach* hinab.

55 Von Roßbach zum Würzburger Haus

Verkehrsmöglichkeiten Roßbach, Gemeinde Markt Zeitlofs, erreicht man über die Straße Bad Brückenau – Gemünden, die man bei Zeitlofs südlich verläßt. Busverbindung mit Bad Brükkenau.
Parkmöglichkeiten Ortsmitte.
Wegmarkierungen Rotes Ei (offen).
Tourenlänge 26 Kilometer.
Wanderzeit 7 Stunden.
Höhenunterschiede Etwa 750 Höhenmeter.
Wanderkarte Naturpark Rhön 1:50000, Südblatt.
Wissenswertes Im kleinen Walddorf *Roßbach* finden wir das bewohnte Thüngen'sche Schloß mit englischem Park. Der *Dreistelz* ist mit 660 Metern der höchste Berg der südlichen Rhön.
Anmerkung Von Mitgenfeld bis zum Würzburger Haus ist der Weg identisch mit dem Hauptwanderweg 7 (HWO 7).
Tourenbeschreibung Wir verlassen *Roßbach* auf der Verkehrsstraße nach Rupboden, biegen aber bald rechts ab und gelangen über einen Feldweg auf die Straße nach Weißenbach.

In *Weißenbach* wandern wir am *Gutshof* entlang und passieren zur Linken einen *Weiher*. Hinter dem Weiher biegen wir links ab und wenden uns rechts hinauf in den Wald. Nach etwa einem Kilometer treffen wir auf den von Weißenbach nach Modlos führenden Weg, folgen ihm etwa 400 Meter, biegen links ab und erreichen mehrere Wege wechselnd eine *Lichtung*. Hier wenden wir uns nach rechts. Wir passieren den *Rastplatz Steinernes Kreuz,* halten uns am Waldrand links und steigen im Bogen den Berg hinauf, bis wir auf den links vom Staatsbad Bad Brückenau heraufkommenden Pfad stoßen (Markierung gelbes offenes Ei). Hier nach rechts und steil hinauf zum Aussichtsturm auf dem Gipfel des *Dreistelz* (660 m).

An einem Wegweiser können wir uns orientieren. Steil hinab durch den Wald, dann dicht an Weidezäunen vorbei zum gleichnamigen Gasthaus in *Dreistelz*.

Wir wandern ein kurzes Wegstück auf der Verkehrsstraße Richtung Bad Brückenau, biegen dann rechts in einen Feldweg und erreichen den Waldrand. Wir durchqueren das *Wäldchen* und einen *Holzlagerplatz* und passieren die Siedlung *Buchrasen*. Wir queren die *B 27* und gelangen über die Felder nach *Breitenbach*.

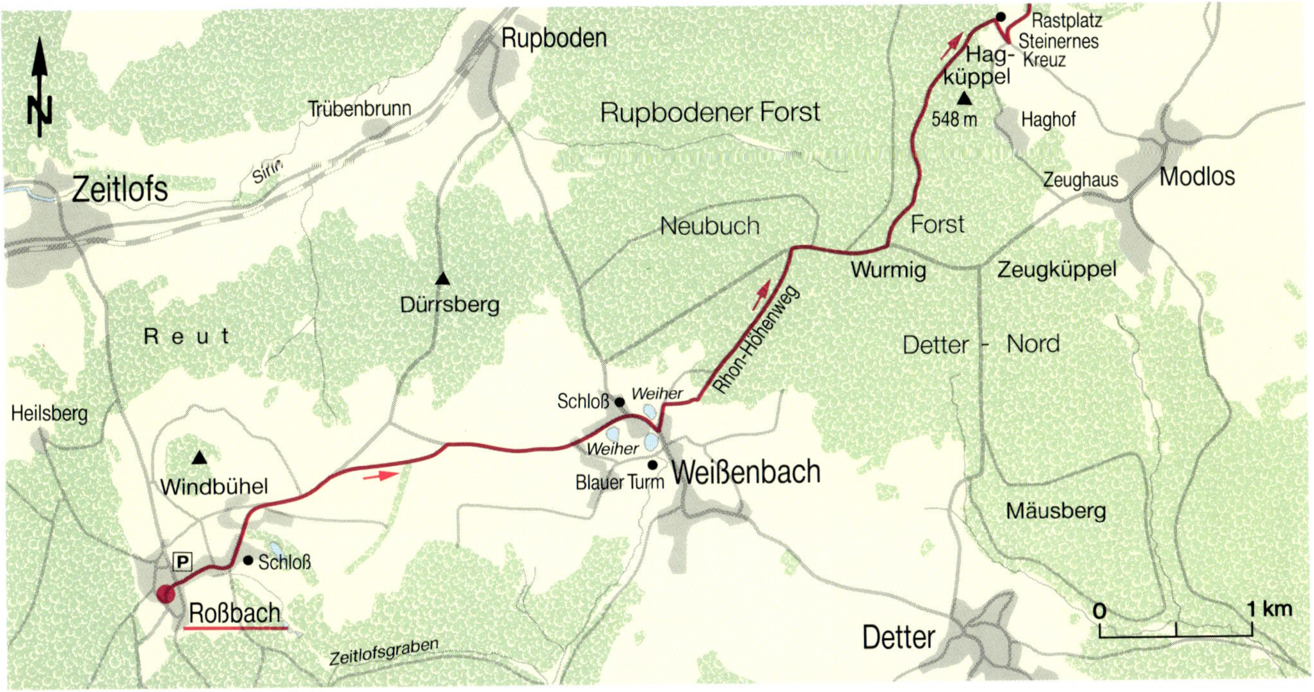
Rupboden
Trübenbrunn
Rupbodener Forst
Hag-
küppel
548 m
Rastplatz
Steinernes
Kreuz
Haghof
Zeughaus
Modlos
Zeitlofs
Neubuch
Forst
Wurmig
Zeugküppel
Dürrsberg
Reut
Rhön-Höhenweg
Detter - Nord
Heilsberg
Schloß
Weiher
Weiher
Blauer Turm
Weißenbach
Windbühel
Mäusberg
P
Schloß
Roßbach
Zeitlofsgraben
Detter
0
1 km

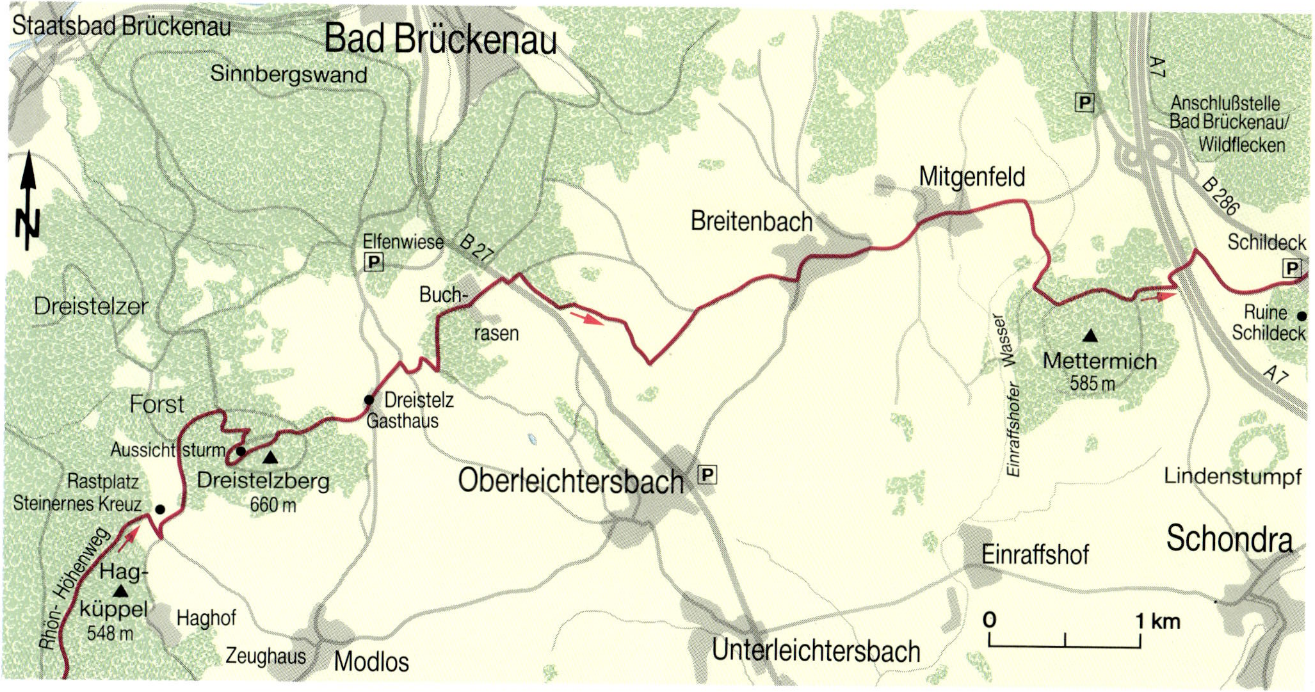

Staatsbad Brückenau
Bad Brückenau
Sinnbergswand
Dreistelzer
Forst
Elfenwiese
P
B 27
Buch-
rasen
Dreistelz
Gasthaus
Aussichtsturm
Dreistelzberg
660 m
Rastplatz
Steinernes Kreuz
Rhön-Höhenweg
Hag-
küppel
548 m
Haghof
Zeughaus
Modlos
Oberleichtersbach
P
Unterleichtersbach
Breitenbach
Mitgenfeld
Einraffshofer Wasser
Mettermich
585 m
Einraffshof
Schondra
Lindenstumpf
P
A7
Anschlußstelle
Bad Brückenau/
Wildflecken
B 286
Schildeck
P
Ruine
Schildeck
A7
0
1 km
N

Wir verlassen *Breitenbach* auf der Verkehrsstraße. Kurz hinter *Mitgenfeld* stoßen wir auf eine Scheune, biegen rechts ab, wandern am Nordhang des *Mettermichs* (558 m) entlang und zur *Autobahn* hinab. Ein kleiner *Tunnel* führt uns unter der Autobahn hindurch. Der Weg zieht nach links, wir biegen rechts ab und erreichen *Schildeck* am Fuß der gleichnamigen Burgruine.

Wir überqueren die *B 286* und folgen einem Wegweiser Richtung Würzburger Haus. Der Rhön-Höhen-Weg verläuft nun längere Zeit auf asphaltierten Wegen durch die parkähnliche Landschaft der *Schwarzen Berge,* dann zweigt er rechts ab und führt durch Wacholderheide und Wiesen hinauf zum *Würzburger Karl-Straub-Haus* am Fuß des Farnsbergs (786 m).

56 Vom Würzburger Haus nach Oberweißenbrunn

Verkehrsmöglichkeiten Über die B 286 bis Schildeck oder Geroda, dann nördlich abzweigend zum 785 Meter hoch gelegenen Würzburger Haus.
Parkmöglichkeiten Unterhalb des Würzburger Hauses.
Wegmarkierungen Rotes Ei (offen).
Tourenlänge 19 Kilometer. **Wanderzeit** 5 Stunden.
Höhenunterschiede Etwa 300 Höhenmeter.
Wanderkarte Naturpark Rhön 1:50000, Südblatt.
Wissenswertes Das Würzburger *Karl-Straub-Haus* wurde 1938 erbaut. Der Weg vom Würzburger Haus zum Kreuzberg wurde gerne vom verstorbenen Julius Kardinal Döpfner gewandert und zum Andenken mit seinem Namen benannt.
Tourenbeschreibung Vom *Würzburger Haus* folgen wir unserem Wegzeichen durch den Fichtenwald bis zum *Wanderparkplatz Eisernes Kreuz* und überqueren die Verkehrsstraße. Wir passieren ein *Basaltwerk* und erreichen nach etwa anderthalb Kilometern die *Kissinger Hütte* auf der freien Höhe (832 m).

Am Hang des Feuerberges entlang, am aufgelassenen *Basaltsteinbruch* des Kellersteins vorbei, erreichen wir den *Guckas-*

Fliegenpilz (Foto: Christina Garstecki)

Wildflecken
Ober-
wildflecken
Ötscher
N
Ziegelhütte
Guckaspaß
Karlsbrunnen
Gebirgs-
Kellersbach
Eiserne Hand
wald
Lösershag
Steinbruch
Kellerstein
Feuerberg
Kissinger Hütte
Hüttenloch
Schwarzen-
berg
nach Langenleiten
Hahnen-
knäuschen
Basaltwerk
Wanderparkplatz
Eisernes Kreuz
Totnansberg
839 m
Würzburger Haus
Schwarze Berge
Salzforst
Erlenberg
Lerchenhügel
0
1 km

paß, indem wir die Straße Wildflecken – Langenleiten überqueren. Nach etwa 700 Metern auf dem *Julius-Kardinal-Döpfner-Weg* biegen wir links ab. Nach weiteren 700 Metern biegen wir rechts ab und erreichen – mehrere Wege kreuzend – das *Kloster Kreuzberg* am *Klosterfriedhof.*

Wir verlassen das *Kloster* durch den *Klosterhof* Richtung Parkplatz. Gegenüber vom Parkplatz wenden wir uns links hinab in den Wald. Beim *Feriendorf* überqueren wir die Straße nach Oberwildflecken und wandern am Osthang des *Arnsberges* über Weideflächen mit schönen Hutebuchen nach *Oberweißenbrunn.*

57 Von Oberweißenbrunn zur Sennhütte

Verkehrsmöglichkeiten Oberweißenbrunn liegt an der B 279 Bischofsheim – Gersfeld. Busverbindung auf der Strecke Bad Neustadt – Bischofsheim – Fulda.
Parkmöglichkeiten Ortsmitte.
Wegmarkierungen Rotes Ei (offen).
Tourenlänge 20 Kilometer.
Wanderzeit 6 Stunden.
Höhenunterschiede Etwa 500 Höhenmeter.
Wanderkarte Naturpark Rhön 1:50000, Nordblatt.
Wissenswertes In *Oberweißenbrunn,* Gemeinde Bischofsheim, befinden sich oberhalb des Dorfes zwei Hügel mit Wallanlagen, der Hagküppel. Der *Heidelstein* (926 m) ist jeden Herbst Ziel einer Sternwanderung zur Heidelsteinfeier.
Tourenbeschreibung In Höhe der Kirche etwa 100 Meter Richtung Gersfeld, dann rechts in die *Mühlackerstraße* und über den *Rockensteinweg* bergauf zu einem Wegweiser. Wir steigen am

(Foto: Klaus Puntschuh)

Naturschutz-
gebiet
Feldbach
Feldberg
Rotes
Moor
Ottilienstein
Kaskaden-
schlucht
Grillplatz
Moorsee
Moordorf
Fernsehsender
Heidelstein
Sandberg
Reichstraße
B 278
Kesselstein
799 m
Mosbach
Münzkopf
Rhönhäuschen
Schwedenwall
Holzberg
Hohe Hölle
894 m
Hütte
Himmeldunk-
berg
888 m
Teufelsberg
844 m
Rockenstein
776 m
B 278
Frankenheim
B 279
Kirche
Oberweißenbrunn
0
1 km
Bischofsheim
a.d. Rhön

Fuß des *Rockensteins* vorbei über freies Feld auf die Höhe zum Waldrand. Hier nach rechts und auf den Gipfel des *Himmeldunkberges* (888 m). Wir wandern weiter geradeaus, tauchen kurz in den Wald, passieren eine Unterstandhütte und erreichen die *Hohe Hölle* (894 m).

Steil bergab, auf breitem Weg durch den Wald, bietet sich bald rechter Hand ein Fernblick. Hier halten wir uns links und gehen auf schmalem Pfad steil bergab, treten aus dem Wald und halten uns rechts Richtung Rotes Moor.

Am *Parkplatz Schwedenwall* überqueren wir die Landstraße und wandern etwa 250 Meter geradeaus bis zur Waldecke. Hier nach links und auf der sog. *Reichsstraße* etwa drei Kilometer geradeaus bis zur Kreuzung am *Grillplatz* beim Roten Moor. Hier nach rechts und am Roten Moor entlang. Wir überqueren die B 278 beim *Wanderparkplatz Moordorf.* Ein Abstecher auf dem Bohlenpfad bietet sich an (siehe Tour 44).

Durch den Wald und über freie Höhen erreichen wir den *Sendeturm* auf dem *Heidelstein* und das *Ehrenmal* des Rhönklubs. Der Rhön-Höhen-Weg zieht nun nach links und überquert nach etwa einem Kilometer die Straße Wüstensachsen – Oberelsbach. Wir wandern durch den Fichtenwald der *Schornhecke* zum *Stirn-*

berg (899 m). Nach etwa zwei Kilometern treffen wir auf die von Seiferts heraufkommende Straße. Wir überqueren sie und wandern parallel zu ihr auf einem Waldweg zum *Parkplatz Schwarzes Moor* (siehe Tour 43). Ein Wegweiser führt uns zur nahen *Sennhütte.*

58 Von der Sennhütte nach Andenhausen

Verkehrsmöglichkeiten Die Sennhütte erreicht man von Fladungen über die Hochrhönstraße. Busverbindung Richtung Fladungen – Mellrichstadt.
Parkmöglichkeiten An der Sennhütte.
Wegmarkierungen Rotes Ei (offen).
Tourenlänge 20 Kilometer.
Wanderzeit 5 Stunden.
Höhenunterschiede Etwa 150 Höhenmeter.
Wanderkarte Bis zum Ellenbogen kann das Nordblatt Rhön 1:50000 benutzt werden, dann Landkreis Meiningen 1:50000.
Wissenswertes Zum *Schwarzen Moor* siehe Tour 43. *Frankenheim* liegt auf 750 Metern Höhe und ist somit das höchstgelegene Dorf der Rhön. Der *Ellenbogen* ist mit 815 Metern der höchste Berg der Thüringischen Rhön.
Tourenbeschreibung Von der *Sennhütte* wandern wir zum nahen *Parkplatz* am *Schwarzen Moor* zurück, folgen dem Wegweiser und der Markierung und treffen auf die von Birx kommende Verkehrsstraße, der wir nach *Frankenheim* folgen. Hinter *Frankenheim* biegen wir links ab und wandern parallel zur Straße zum *Eisenacher Haus* auf dem *Ellenbogen* und über die Höhe des *Weidberges* (725 m) zur Straße von Unterweid nach Kaltenwestheim, die wir queren. Über den *Pinzler* (660 m) erreichen wir den *Horbel* (667 m) und passieren einen *Wachtturm*. Wir halten uns am Querweg rechts, bergab, vor dem Bachlauf wieder rechts und wandern auf weichem Wiesen- und Feldweg nach *Andenhausen*.

Forst
Oberweid
Weidberg
725 m
Erben-
hausen
Rhönwald
Ellenbogen
815 m
Eisenacher Haus
Naturschutzgebiet
Forst
Erben-
hausen
Huflarer Wald
Weidenhof
Rhönkopf
Salkenberg
Frankenheim
Leubach
Oberer See
Leubach
Hochrhönstraße
Birx
Sennhütte
P
Schwarzes
Moor
0
1 km

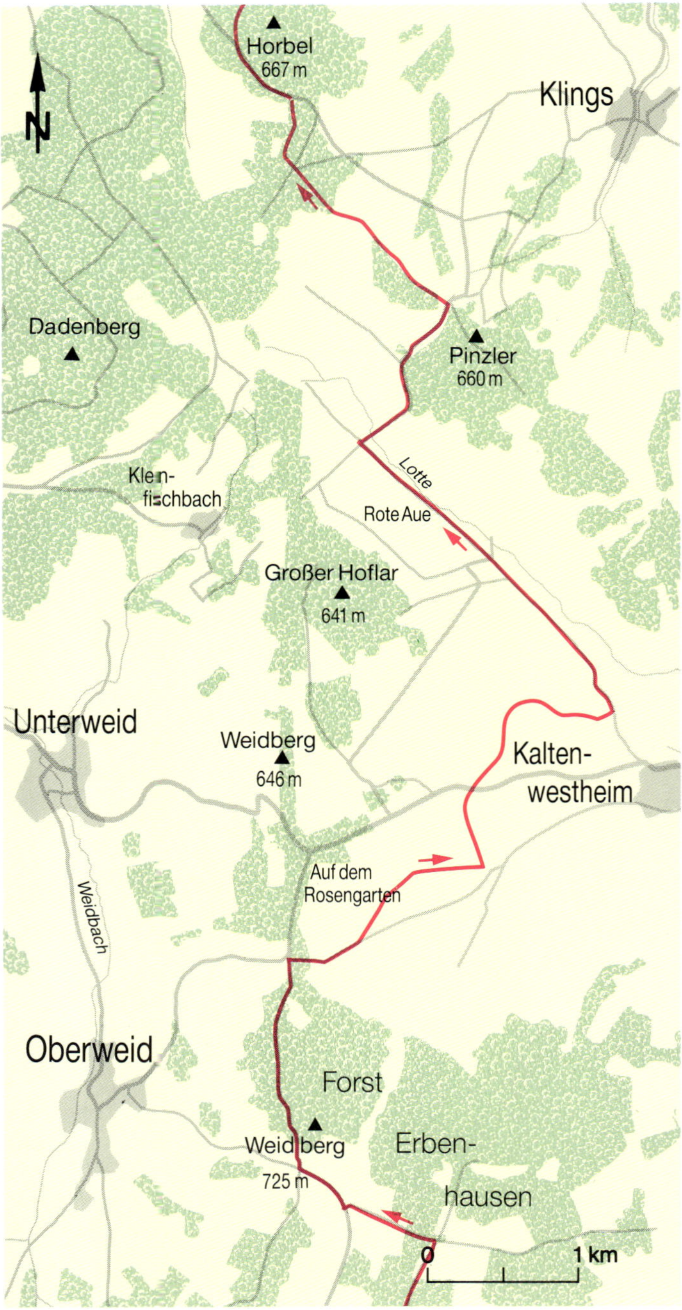

N
Horbel
667 m
Klings
Dadenberg
Pinzler
660 m
Lotte
Klein-
fischbach
Rote Aue
Großer Hoflar
641 m
Unterweid
Weidberg
646 m
Kalten-
westheim
Auf dem
Rosengarten
Weidbach
Oberweid
Forst
Weidberg
725 m
Erben-
hausen
0
1 km

6. Wandertag

59 Von Andenhausen nach Stadtlengsfeld

Verkehrsmöglichkeiten Andenhausen liegt an der Landstraße, die von Tann nach Zella zur B 285 führt. Busverbindung mit Zella.
Parkmöglichkeiten Am nördlichen Ortsrand.
Wegmarkierungen Rotes Ei (offen).
Tourenlänge 17 Kilometer.
Wanderzeit 5 Stunden.
Höhenunterschiede Etwa 300 Höhenmeter.
Wanderkarte Bad Salzungen 1:50000.
Tourenbeschreibung An der Kreuzung am nördlichen Ortsrand von *Andenhausen* treffen wir auf den von Theobaldhof kommenden Main-Werra-Weg (roter Winkel), der nun gemeinsam mit dem RHW auf der nach Zitters führenden Straße verläuft. Wir wandern an der Verkehrsstraße entlang und biegen beim *Wegkreuz* rechts ab. Nach etwa zwei Kilometern – vom Wegkreuz gerechnet – passieren wir ein *Gehöft* kurz vor dem

N
Schorn
Emberg
B 285
Oberalba
Rastplatz
Lenders
Unteralba
Eppersberg
Sachsenburg
Altes Schloß
Karl-
Friedrich-Stein
Zeller Kopf
693 m
Steinkopf
695 m
Steinberg
Gläserberg
Arnsberg
661 m
Waltersberg
Föhlritz
Wegkreuz
Zella
Brunnhardts-
hausen
Andenhausen
Schmerbach
Felda

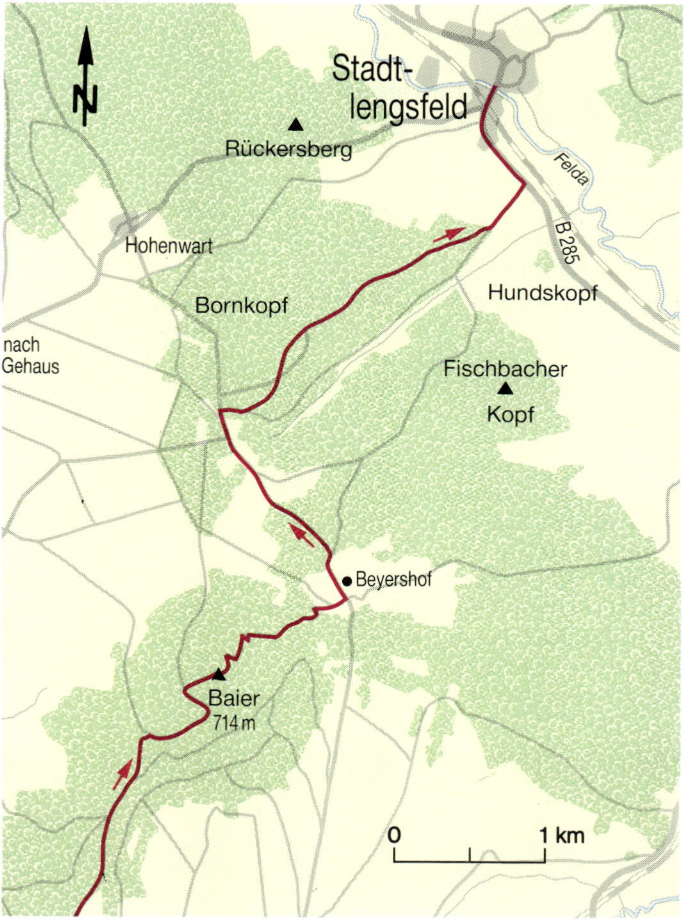

Weiler Steinberg und biegen links ab. Wir passieren *Zellerkopf* und *Sachsenburg* (721 m) und erreichen auf der Höhe eine *Hütte* des Rhönclubs. Beim *Rastplatz* überqueren wir die von Oberalba sich heraufwindende Straße. Über den *Emberg* (542 m) und den *Baier* (741 m) erreichen wir *Beyershof* und treffen wieder auf den HSN (roter Winkel). Etwa nach zwei Kilometern laufen beide Wanderwege nun gemeinsam, dann biegt der RHW rechts ab und führt nach *Stadtlengsfeld.*

60 Von Stadtlengsfeld nach Bad Salzungen

Verkehrsmöglichkeiten Stadtlengsfeld liegt im Feldatal an der B 285 zwischen Dorndorf und Dermbach. Feldabahn Dorndorf – Kaltennordheim. Busverbindung.
Parkmöglichkeiten Im Ort.
Wegmarkierungen Rotes Ei (offen).
Tourenlänge 10 Kilometer.
Wanderzeit 2½ Stunden.
Höhenunterschiede Etwa 200 Höhenmeter.
Wanderkarte Bad Salzungen 1:50000.
Wissenswertes Bemerkenswert ist das Stadtlengsfelder Schloß, eine ehemalige Wasserburg und die Kirche mit mittelalterlichem Turm. Zu *Bad Salzungen* siehe Tour 50.
Tourenbeschreibung Wir verlassen *Stadtlengsfeld* über die *Bergstraße* und wandern hinauf in den Wald. Über den *Salzunger Berg* (475 m) erreichen wir nach etwa fünf Kilometern auf dem *Hundskopf* (380 m) die gleichnamige Gaststätte. Talwärts wandernd genießen wir bald einen herrlichen Blick ins Werratal und auf den Thüringer Wald. Durch die Flur und an Weidegelände vorbei erreichen wir *Bad Salzungen An den Beeten.*

Kahler Alpendost/Kleiner Fuchs (Foto: Ulrich Schnabel)

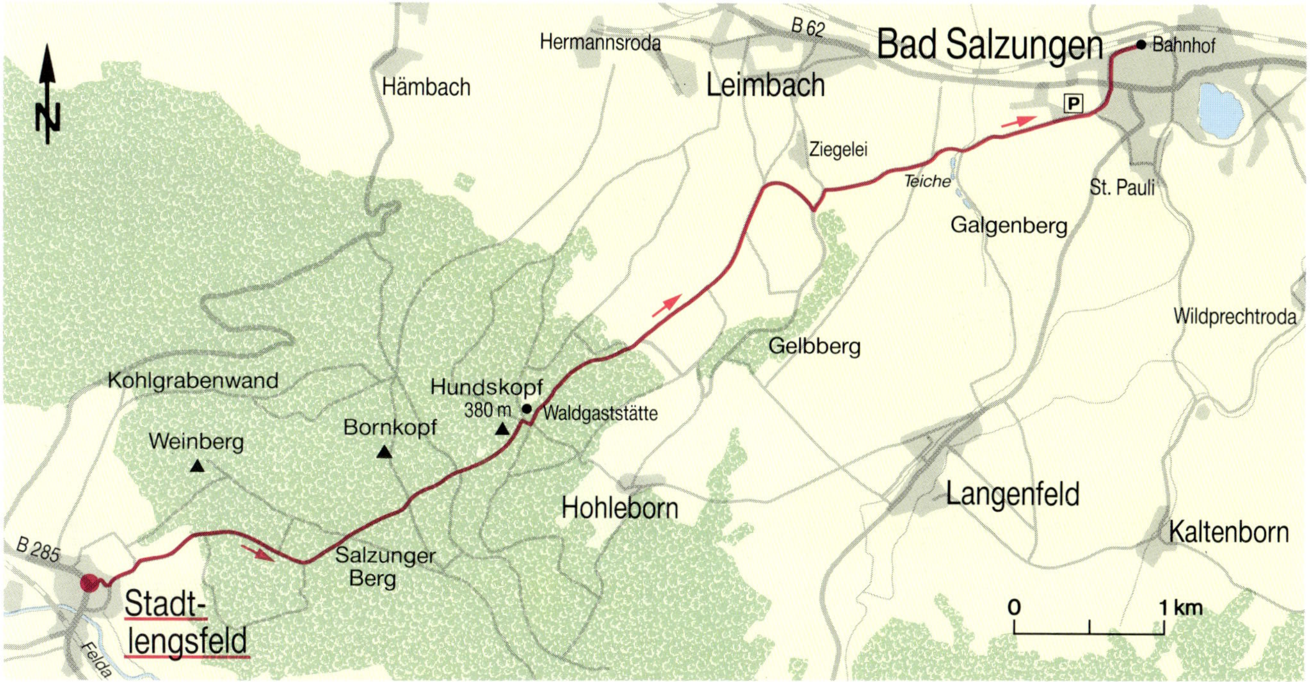
Bad Salzungen
Bahnhof
B 62
Hermannsroda
Hämbach
Leimbach
P
Ziegelei
Teiche
St. Pauli
Galgenberg
Wildprechtroda
Gelbberg
Kohlgrabenwand
Hundskopf
380 m
Waldgaststätte
Bornkopf
Weinberg
Langenfeld
Hohleborn
Kaltenborn
B 285
Salzunger
Berg
Stadt-
lengsfeld
Felda
0
1 km
N

Der Main-Werra-Weg von Gemünden nach Vacha

Der Main-Werra-Weg, auch Hauptwanderweg Süd-Nord (HSN) genannt, konnte im geteilten Deutschland nur bis Theobaldshof begangen werden. Im folgenden wird die rund 160 Kilometer lange Ostroute von Gemünden am Main bis Vacha an der Werra beschrieben. Die Westroute verläuft bis Tann gemeinsam mit der Ostroute, dann trennt sie sich und führt über Habel und Rasdorf nach Philippsthal.

Für den Main-Werra-Weg kann eine Wanderplakette erworben werden. Der Wanderpaß ist bei der Geschäftsstelle des Rhönklubs in Fulda erhältlich.

1. Wandertag

61 Von Gemünden nach Hammelburg

Verkehrsmöglichkeiten Über die A 66 Frankfurt/M. – Fulda Abfahrt Wächtersbach und weiter über die B 276 oder über die A 7 Fulda – Würzburg, Abfahrt Hammelburg und weiter über die B 27. Bahnverbindung Richtung Würzburg, Fulda, Bad Kissingen und Frankfurt und zwischen Ausgangs- und Zielort.
Parkmöglichkeiten Am Bahnhof.
Wegmarkierungen Roter Winkel.
Tourenlänge 22 Kilometer.
Wanderzeit 5½ Stunden.
Höhenunterschiede Etwa 300 Höhenmeter.
Wanderkarte TK 50 Blatt L 5924. Ab Sodenberg kann bereits das Südblatt »Naturpark Rhön« benutzt werden.
Wissenswertes *Gemünden,* 837 erstmals erwähnt, liegt am Zusammenfluß von Saale, Sinn und Main. Die Scherenburg, das Wahrzeichen der fränkischen Kleinstadt, stammt aus dem 13. Jahrhundert. Sie ist mit der Stadt durch einen gemeinsamen Mauerring verbunden. Die spätgotische Pfarrkirche St. Peter und Paulus, das Hutten-Schlößchen von 1711, der Marktplatz mit seinem Brunnen aus der Frührenaissance und die alte Saalebrücke rufen die Atmosphäre alter Zeiten herauf.
Tourenbeschreibung Vom *Bahnhof* entlang der B 26 Richtung Innenstadt, bald nach rechts in die *Obertorstraße* und gleich wie-

Wolfsmünster
Aschenroth
Riedberg
Jahrberg
Buch
Kuhsing
Burgberg
Burggrund
Kloster
Schönau
Seifrieds-
burg
Weyersfeld
Sinn
Steinküppel
Saale
Fränkische
Die Höhe
334 m
Höllrich
Gemünden
a. Main
Klein-
Gemünden
Reichenbuch
B 26
Main- Werra- Weg
Dachsberg-
höhe
367 m
Ruine
Scherenburg
Main
0
1 km
Laucherts
Bahnhof
Heßdorf

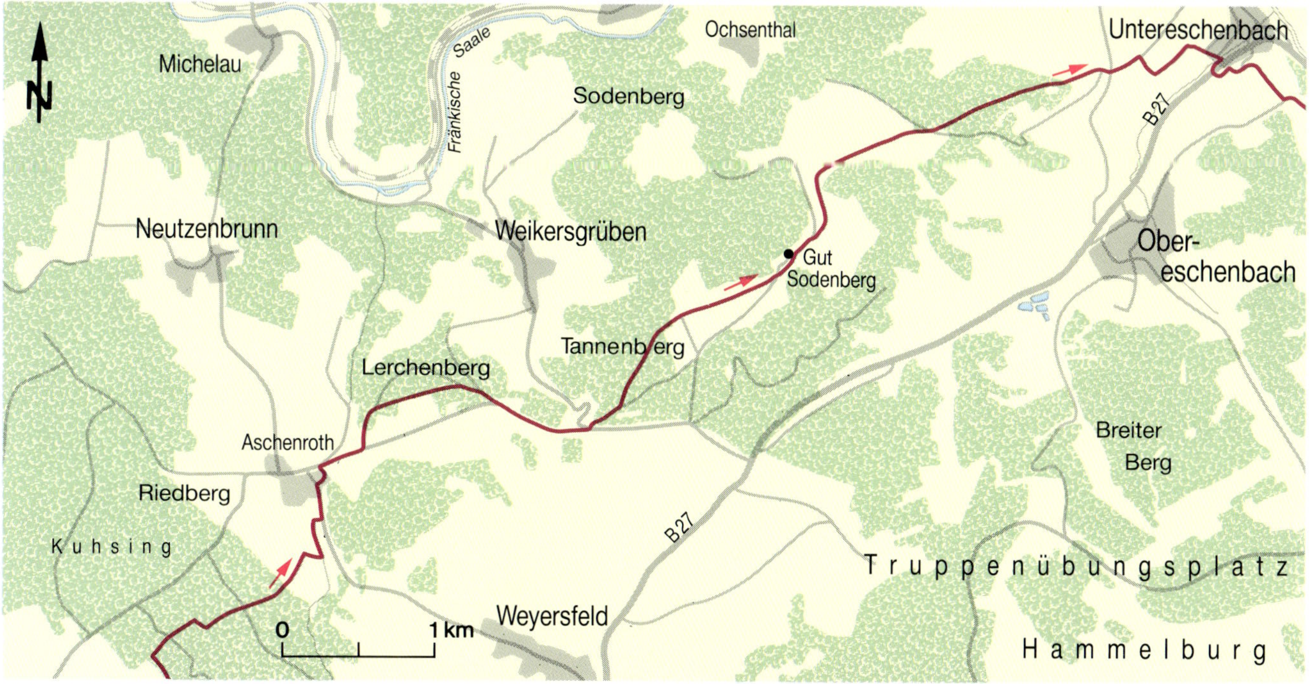
Michelau
Fränkische Saale
Ochsenthal
Untereschenbach
Sodenberg
Neutzenbrunn
Weikersgrüben
Gut Sodenberg
Ober-eschenbach
B27
Tannenberg
Lerchenberg
Aschenroth
Riedberg
Breiter Berg
Kuhsing
B27
Truppenübungsplatz
Weyersfeld
0
1 km
Hammelburg

(Foto: Ulrich Schnabel)

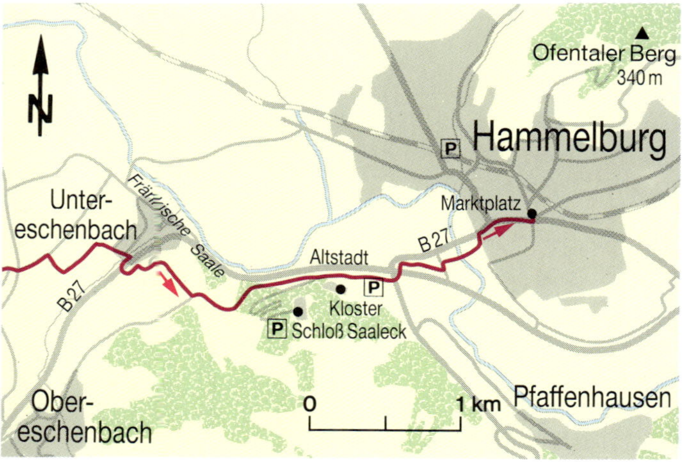

der nach rechts in die Seitenstraße einbiegend, wandern wir an der *Volksschule* vorbei hinauf zur *Scherenburg.* Durch den Wald, dann durch die Felder nach *Reichenbuch.* Wir durchqueren den Weiler und wandern bald wieder durch den Wald, dann durch die Flur nach *Seifriedsburg.* Wir verlassen *Seifriedsburg* auf der Verkehrsstraße und biegen nach etwa einem Kilometer links ab nach *Aschenroth.*

Wir verlassen *Aschenroth* ebenfalls auf der Verkehrsstraße, biegen auch hier nach etwa einem Kilometer links ab und erreichen das *Gut Sodenberg.* Wir wandern ins Tal der Fränkischen Saale hinab. An Untereschenbach vorbei zur B 27. Wir überqueren die Bundesstraße, folgen ihrem Lauf und erreichen das *Kloster Altstadt.* Über die *Saalebrücke* und die *Weihertorstraße* erreichen wir den *Marktplatz* von *Hammelburg.*

2. Wandertag

62 Von Hammelburg nach Bad Kissingen

Verkehrsmöglichkeiten A 7 Fulda – Würzburg Abfahrt Hammelburg. Über die B 27 und die B 287. Bahnverbindung auf der Strecke Gemünden – Bad Kissingen. Busverbindung auf den Strecken Bad Brückenau – Würzburg und Bad Kissingen – Karlstadt.
Parkmöglichkeiten Am Ortseingang links und rechts der Saalebrücke.
Wegmarkierungen Roter Winkel.
Tourenlänge 22 Kilometer.
Wanderzeit 5½ Stunden.
Höhenunterschiede Etwa 250 Höhenmeter.
Wanderkarte Naturpark Rhön 1:50000, Südblatt.

Zu Tour 62 **Wandern in der Rhön**
(Foto: Staatliche Kurverwaltung Bad Kissingen)

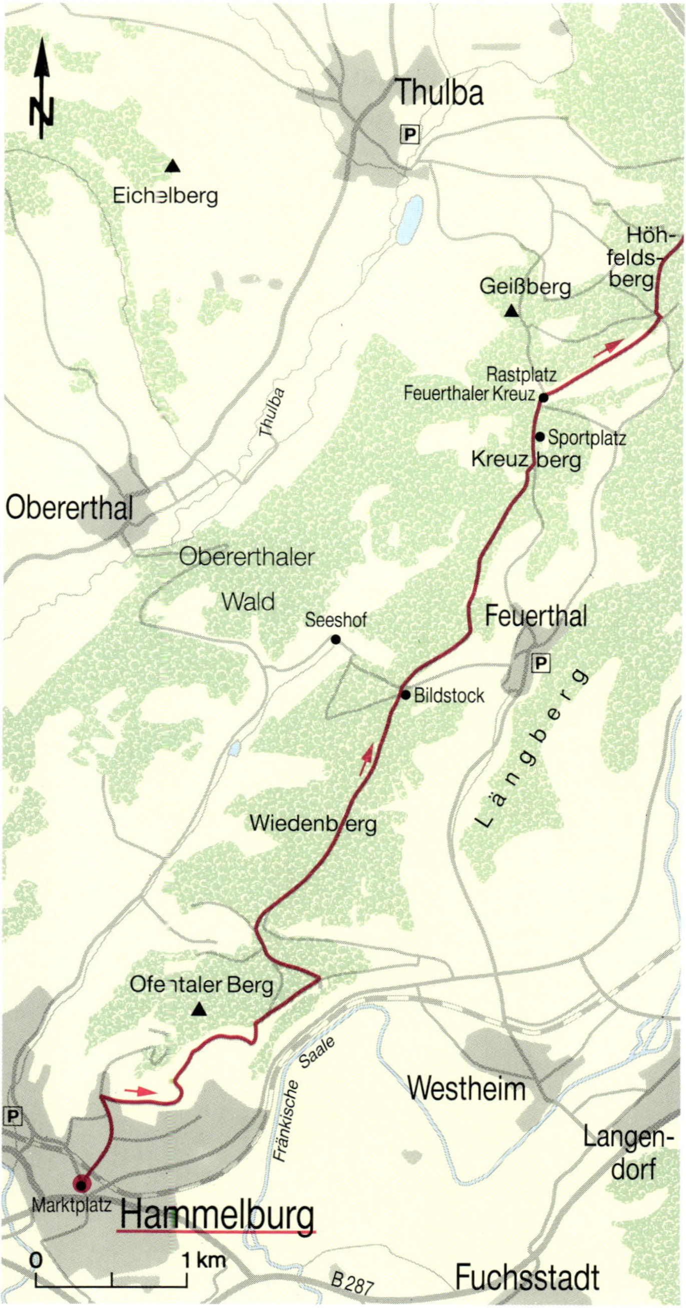
N
Thulba
P
Eichelberg
Höh-
felds-
berg
Geißberg
Rastplatz
Feuerthaler Kreuz
Thulba
Sportplatz
Kreuzberg
Obererthal
Obererthaler
Wald
Seeshof
Feuerthal
P
Bildstock
Längberg
Wiedenberg
Ofentaler Berg
Saale
Fränkische
Westheim
P
Langen-
dorf
Marktplatz
Hammelburg
0
1 km
B 287
Fuchsstadt

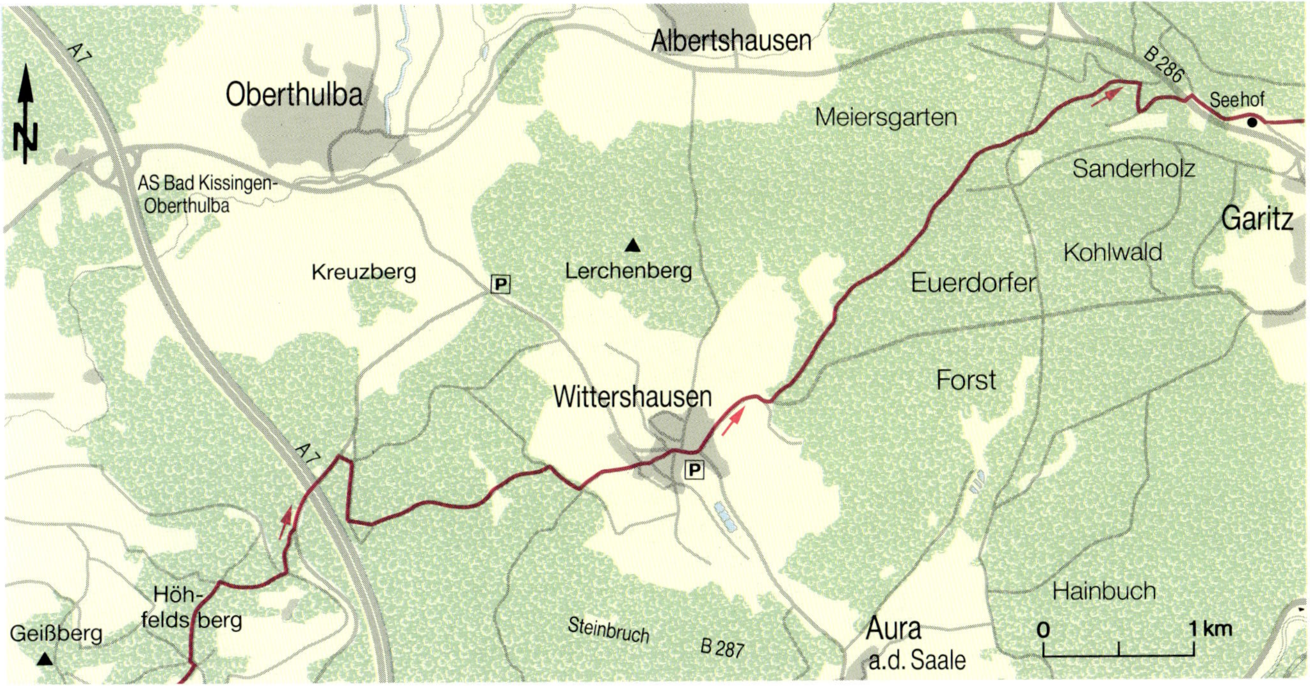
Albertshausen
Oberthulba
A7
B 286
Seehof
Meiersgarten
Sanderholz
Garitz
AS Bad Kissingen-
Oberthulba
Kreuzberg
P
Lerchenberg
Kohlwald
Euerdorfer
Forst
Wittershausen
P
Höh-
felds berg
Geißberg
Steinbruch
B 287
Aura
a.d. Saale
Hainbuch
0
1 km

Anmerkung Kloster Altstadt ist Ausgangspunkt für einen sechs Kilometer langen Natur- und Weinlehrpfad.
Wissenswertes *Hammelburg* ist die urkundlich älteste Weinstadt Frankens. Seit dem Jahr 777 wird hier Wein angebaut. Schloß Saaleck aus dem 12. Jahrhundert ist Sitz des Weingutes der Stadt. Ein Kreuzweg mit 14 kapellenartigen Stationen führt zum Schloß hinauf. Kloster Altstadt am Fuß der Burg, die Stadtbefestigung mit Wehrtürmen, der prächtige Renaissancebrunnen vor dem Rathaus und die spätgotische Stadtpfarrkirche prägen das Stadtbild.

Tourenbeschreibung Vom *Marktplatz* durch die *Kissinger Straße.* An der Ampel links in die *Rotkreuzstraße* Richtung Krankenhaus. Nach etwa 100 Metern rechts in den *Ofentaler Weg,* über eine *Bahnbrücke,* zum Krankenhaus und rechts in die Straße *Zur Kanzel.*

Unser Wanderweg führt bergauf an den Weinbergen entlang in den Wald und schenkt schöne Talblicke. Nach etwa insgesamt fünf Kilometern queren wir an einem *Bildstock* vorbei den Weg vom Weiler Seeshof nach Feuerthal. An einer Kiesgrube vorbei und geradeaus zu einem Fahrweg. Hier links und am *Sportplatz* vorbei. An der folgenden Kreuzung, dem *Feuerthaler Kreuz,* halbrechts Richtung Wittershausen. Nach etwa einem Kilometer in nordöstlicher Richtung, halten wir uns links und wandern am Westhang des Höhfeldsberges entlang. Wir überqueren die Straße von Thulba nach Elfertshausen, unterqueren die *Autobahn* und biegen nach etwa 200 Metern rechts ab. Wir nähern uns wieder der Autobahn, wenden uns nach links und wandern erst durch den Wald, dann durch die Flur nach *Wittershausen.*

Wir verlassen *Wittershausen* auf der Verkehrsstraße Richtung Bad Kissingen, biegen aber hinter dem Waldrand links ab. Nach einer längeren Waldwanderung überqueren wir die *B 286.* Am *Seehof* und an der *Jugendherberge* vorbei erreichen wir über die *Saalebrücke* das Kurviertel von *Bad Kissingen.*

3. Wandertag

63 Von Bad Kissingen zum Kloster Kreuzberg

Verkehrsmöglichkeiten Bad Kissingen erreicht man über die A 7 Fulda – Würzburg, Ausfahrt Bad Kissingen-Oberthulba. Schnittpunkt der B 286 mit der B 287. Gute Bahn- und Busverbindungen im Nah- und Fernbereich.
Parkmöglichkeiten Im Umkreis der Saalebrücke.
Wegmarkierungen Roter Winkel.
Tourenlänge 26 Kilometer. **Wanderzeit** 7 Stunden.
Höhenunterschiede Etwa 850 Höhenmeter.
Wanderkarte Naturpark Rhön 1:50000, Südblatt.
Wissenswertes Zu *Bad Kissingen* siehe Tour 34. Zum *Kreuzberg* siehe Tour 46.
Tourenbeschreibung Vom Bad Kissinger *Kurviertel* über die *Ludwigbrücke* zur *Bismarckstraße.* Hier nach rechts zum *Schweizer Haus.* Am Gasthof links hinauf. Wir berühren den Waldlehrpfad beim Kaskadental und wandern auf bequemen und gut markierten Waldwegen nach *Aschach.*

Über *Burgweg, Schloßstraße, Von-Henneberg-Straße,* über die *Brücke* und links hinauf in die *Premicher Straße.* Bei dem Naturdenkmal *Eiche* nach rechts. Wir spazieren ein Wegstück auf dem ansprechenden Vogelkundelehrpfad *Hirschtränke,* passieren eine *Hütte* und erreichen bald einen breiten Forstweg. Etwa 500 Meter hinter der Kreuzung *Rotes Kreuz* verlassen wir den breiten Weg nach rechts und wandern nach *Premich* hinab.

Durch das Kellerbachtal erreichen wir *Waldberg.* Wir verlassen das Dorf in nördlicher Richtung, wandern etwa zwei Kilometer auf einem Wirtschaftsweg, biegen dann scharf rechts ab, gleich wieder links und weiter in nördlicher Richtung. Wir überqueren die Straße nach Ziegelhütte und steigen am *Bettlersbrunnen* vorbei zum über 900 Meter hohen *Kreuzberg* hinauf.

Bad Bocklet
N
Aschach
Stellberg
Bauersberg
Aschach
Altenberg
Eichelberg
Mühlberg
Großenbrach
Fränkische
Saale
Klauswald
Kleinbrach
Klaushöhe
Klosterhausen
Hausen
Nüdlinger Bach
Süd
Altenburger-
haus
Kaskaden-
tal
Steinkuppel
Obere Saline
Steinhof
Friedrichshall
Ilgenberg
Saline
Bad Kissingen
Waldeck
Auschlag
Flug-
platz
B 287
Ludwigsturm
B 286
Staffelsberg
Schweizer Haus
DJH
Ludwig-
brücke
Sanderholz
Garitz
BAD KISSINGEN
0
1 km

Teiche
Kellersbach
Schmalwasser
Rothmal
Keuppelrain
N
Premich
Keuppel-
mühle
Steinberg
Premich
P
P
Premich
Jägerschlag
Klauswald Nord
Waldhaus Aurora
Rotes Kreuz
Herrneck
Salzforst
Saale
Fränkische
Klosterwald
Wollbach
Hütte
Hutwald
P
P
Frauenroth
ND
Eiche
Aschach
Bauersberg
P
Aschach
0
1 km

Kreuzberg
928 m
Kloster
Beilstein
N
Kilianshof
Ziegelhütte
Großer
Aschberg
Sandberg
Reidelberg
Kellersbach
Waldberg
Neumühle
P
Dürrer Waldbach
Langen-
leitner
Holz
Altmühle
Langenleiten
Simonshöfe
Kellersbach
0
1 km

Zu Tour 63 **Bad Kissingen, Arkadenbau**
(Foto: Staatliche Kurverwaltung Bad Kissingen)

4. Wandertag

64 Vom Kloster Kreuzberg nach Gersfeld

Verkehrsmöglichkeiten Von Bischofsheim führt eine Straße über Haselbach auf den Kreuzberg. Vom Kreuzberg besteht Busverbindung Richtung Fulda, Bischofsheim – Bad Neustadt und Bad Brückenau – Jossa.
Parkmöglichkeiten Unterhalb des Klosters.
Wegmarkierungen Roter Winkel.
Tourenlänge 15 Kilometer.
Wanderzeit 4 Stunden.
Höhenunterschiede Etwa 200 Höhenmeter.
Wanderkarte Naturpark Rhön 1:50000, Südblatt.
Wissenswertes Zum *Kreuzberg* siehe Tour 46. Zu *Gersfeld* siehe Tour 26.

Rhönhäuschen
Rodenbach
Hohe Hölle
B279
Himmeldunk-
berg
888 m
Würzburger Haus
Teufelsberg
844 m
Schwedenschanze
Rockenstein
Oberweißenbrunn
B 279
Frankenheim
Main-Werra-Weg
B279
Arnsberg
Haselbach
i.d. Rhön
Ziegelhüttengraben
Feriendorf
An den
drei Kreuzen
Weihersbrunnen
Sinn
Ober-
wildflecken
Haflinger Alm
Gemündener
Hütte
Kreuzberg
Feriendorf
Kloster-
kreuzberg
Ötscher
928 m
0
1 km
N
P

Tourenbeschreibung Wir verlassen das Kloster durch den *Klosterhof* Richtung Parkplatz. Gegenüber vom Parkplatz wenden wir uns links hinab in den Wald. In Höhe des *Feriendorfes* überqueren wir die Straße nach Oberwildflecken und wandern über den Osthang des Arnsberges nach *Oberweißenbrunn.*

In der Ortsmitte von *Oberweißenbrunn* biegen wir in die *Mühlackerstraße* ein. Weiter über den *Rockensteinweg* und links in den *Hirtenweg.* (Wir trennen uns nun vom Rhönhöhenweg, der sich mit dem HSN bislang gedeckt hat.) Ein Wegweiser gibt die Entfernung zur Schwedenschanze mit drei Kilometern, nach Gersfeld mit neun Kilometern an.

Wir wandern am Hang des *Teufelsberges* entlang, passieren das *Gasthaus Schwedenschanze,* überqueren die *B 279,* durchqueren *Sparbrod* und erreichen *Gersfeld.*

65 Von Gersfeld nach Hilders

Verkehrsmöglichkeiten Gersfeld erreicht man ab Fulda über die B 27 bis Döllbach und weiter über die B 279, die sich bei Gersfeld mit der Hochrhönstraße (B 284) schneidet. Rhönbahn Fulda – Gersfeld.
Parkmöglichkeiten Ortsmitte.
Wegmarkierungen Roter Winkel.
Tourenlänge 25 Kilometer. **Wanderzeit** 7 Stunden.
Höhenunterschiede Etwa 800 Höhenmeter.
Wanderkarte Naturpark Rhön 1:50000, Nordblatt.
Wissenswertes Zu *Gersfeld* siehe Tour 26, zur *Wasserkuppe* siehe Tour 42, zur *Milseburg* siehe Tour 40.
Tourenbeschreibung Diese anstrengende Tagesetappe, bei der große Höhenunterschiede zu bewältigen sind, beginnt am *Marktplatz*. Über *Brückenstraße, Schloßstraße, Ebersberger Platz* und *Fliegerstraße* zur *Sudetenstraße*. Auf einen Feldweg und über eine Verkehrsstraße hinweg. Über den *Dreierhof* erreichen wir den *Oberhof*. Bald durch den Wald, dann über freie Hochflächen zur *Wasserkuppe*. Zur Linken passieren wir das Fliegerdenkmal. Beim steilen Abstieg nach *Abtsroda* berühren wir den *Geologischen Wanderpfad*. Der HSN führt weiter über

Zu Tour 65 **Hilders im Ulstertal mit Findloser Berg, im Hintergrund die Wasserkuppe (950 m)** (Foto: Verkehrsamt der Marktgemeinde Hilders)

Grabenhof
Fuchsküppel
B 458
786 m
Weiher berg
Mittel-
berg
Abtsroda
Sieblos
Abtsroder Kuppe
905 m
Tränkhof
W a s s e r k u p p e
Fliegerdenkmal
Segelfliegerlager
950 m
Landeplatz
Pferdskopf
Hütte
Guckaisee
Main- Werra- Weg
Schwarzerden
Güntersberg
Eubeberg
Obernhausen
Sommerberg
Fulda
Oberhof
Kohlgraben
Schneeberg
Holenbrunn
Dreierhof
Schachen
Maiersbach
Brembach
Sandberg
Fulda
Am Pfort
Gersfeld
(Rhön)
Marktplatz
0
1 km
N

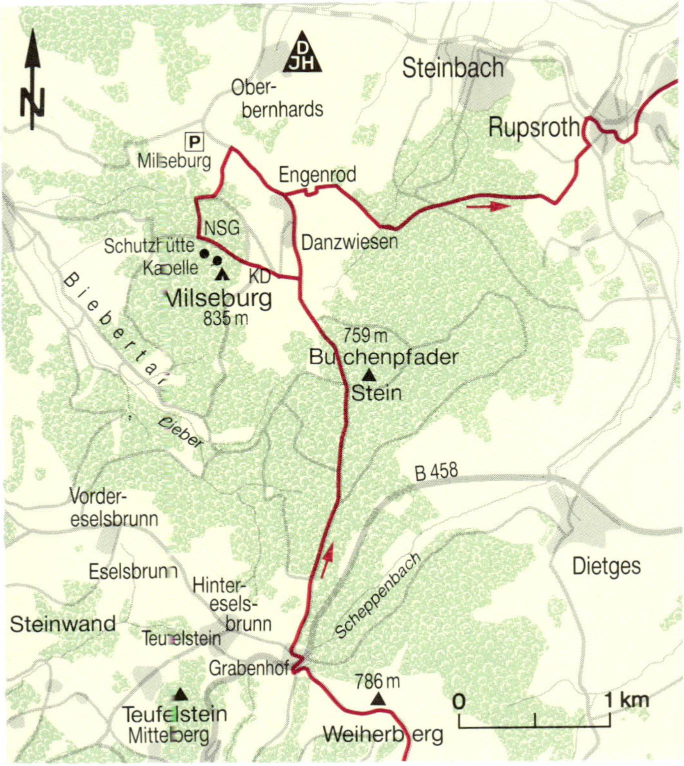

den aussichtsreichen *Weiherberg* (786 m) und überquert beim *Grabenhof* die *B 458.* In nördlicher Richtung wandern wir zur Milseburg. Am *Buchenpfader Stein* vorbei erreichen wir einen *Rastplatz* mit *Hütte.* Bald zweigt ein Pfad links ab und führt zur *Milseburg* hinauf. Der Aufstieg zum Gipfel mit der bewirtschafteten Hütte des Rhönklubs lohnt sich, wir können aber auch auf unserem bisherigen Weg bleiben und *Danzwiesen* in wenigen Minuten erreichen.

Der Abstieg von der Milseburg erfolgt durch den Wald. Wir passieren ein *Gasthaus* und wandern auf der Fahrstraße Richtung *Danzwiesen.* Bereits vor dem Ortseingangsschild nach links, bald in den Wald, dann durch die Flur nach *Rupsroth.* Wir verlassen den Ort auf der *Basaltstraße,* passieren den *Kesselhof* und erreichen nahe dem Ziegelhof eine *Kapelle.* Wir wandern am Waldrand entlang, steigen kurz hinter den *Fischteichen* in den Wald hinauf, erreichen nach etwa einem Kilometer die Flur, passieren das *Freibad* und gelangen nach *Hilders.*

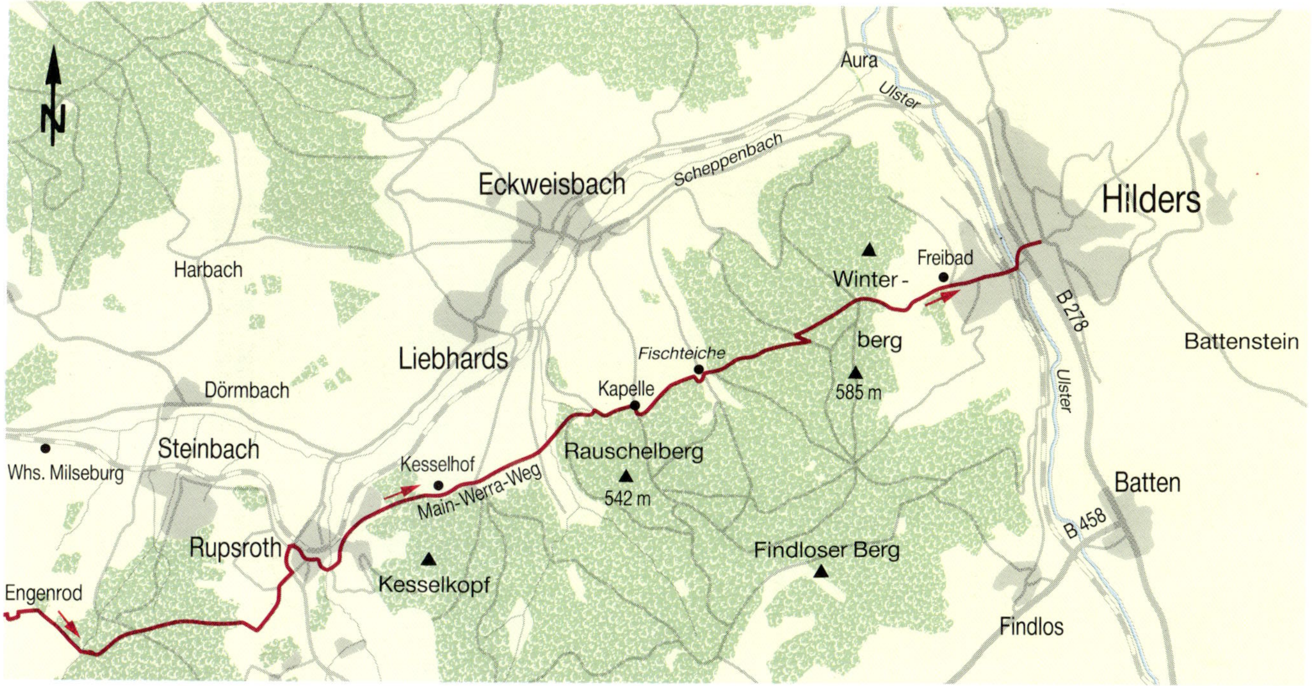

N
Aura
Ulster
Scheppenbach
Eckweisbach
Hilders
Harbach
Freibad
Winter -
berg
585 m
B 278
Battenstein
Liebhards
Fischteiche
Kapelle
Dörmbach
Ulster
Steinbach
Rauschelberg
542 m
Kesselhof
Main-Werra-Weg
Whs. Milseburg
Batten
B 458
Rupsroth
Findloser Berg
Kesselkopf
Engenrod
Findlos

66 Von Hilders nach Andenhausen

Verkehrsmöglichkeiten Hilders liegt an der B 278 von Bischofsheim nach Tann. Busverbindung mit Fulda und auf der Strecke Ehrenberg/Wüstensachen – Tann.
Parkmöglichkeiten Am Bahnhof.
Wegmarkierungen Roter Winkel.
Tourenlänge 19 Kilometer.
Wanderzeit 5 Stunden.
Höhenunterschiede Etwa 400 Höhenmeter.
Wanderkarte Naturpark Rhön 1:50000, Nordblatt.
Anmerkung Die *Ruine Auersburg* ist Mittelpunkt eines fünf Kilometer langen Naturlehrpfades. Ausgangspunkt ist der Parkplatz *Köpfchen* an der Straße nach Simmershausen.
Wissenswertes *Hilders* ist stark modernisiert. An älteren Bauten sehenswert ist die Pfarrkirche St. Bartholomäus. Außerhalb finden wir die Ruine der Auersburg mit Aussichtsturm des Rhönklubs und ihr gegenüber die Burgruine Tannenfels, ferner den Kalvarienberg und die Wallfahrtskapelle auf dem Battenstein von 1706. (Zu *Tann* siehe Touren 9 und 38.)
Tourenbeschreibung Wir verlassen *Hilders* auf der *Stielerstraße* und erreichen über den *Struthof* die *Ruine Auersburg*. In nördli-

Zu Tour 66 **Jugendherberge Hilders, Haus der Jugend**
(Foto: Deutsches Jugendherbergswerk)

Tann (Rhön)
Habelberg 718 m
N
Ulster
Wendershausen
Habelgraben
Weid
Hundsbach
Esbachs-graben
Herdathurm
Neustädiges
Lahrbach
B 278
ND Ahornbaum
Dippach
P Paradieshof
Brauertshof
Rastplatz
Gänseku tte
Unter-rückersbach
Arzkopf
Ulster
Staatsforst
Auersberg
Hilders
Rommersrain
Neu-schwambach
Simmershausen
Ruine Auersburg
Hütte
Julierhof
Struthof
P
Aura
Ulster
Buchschirm
Winterberg
Hilders
0
1 km

cher Richtung wandern wir durch den Wald, passieren eine *Hütte,* überqueren einen Bach, halten uns an der Wegschranke links und erreichen den *Rastplatz Gänsekutte.* Hier nach rechts. Bald erreichen wir eine Fahrstraße, folgen ihr etwa 130 Meter nach rechts und biegen dann scharf links ab. Am *Naturdenkmal Ahornbaum* vorbei erreichen wir *Wendershausen.* Entlang der B 278 kommen wir nach *Tann.* Wir schreiten durch das alte *Stadttor,* spazieren am *Marktplatz* und an der *Post* vorbei zur *Katholischen Kirche.* An der *Kirche* nach rechts, gleich wieder links und am *Friedhof* entlang. Wir passieren einen *Hof,* wandern an der Ruhebank weiter geradeaus und folgen der Biegung des asphaltierten Weges. Zur Linken sehen wir eine Fabrik. Bald im kurzen Zickzack erst links, dann scharf rechts. Wir überschreiten den Lauterbach und halten uns an der folgenden Gabelung rechts. Stetig bergaufgehend erreichen wir *Theobaldshof.* Wir verlassen den Ort auf der *Rhönbergstraße* und biegen bei der *Telefonzelle* links ab in die Straße *An der Birke.* Am *Sportplatz* vorbei und durch die Flur erreichen wir an einem Wäldchen vorbeigehend die Verkehrsstraße und den ehemaligen Grenzübergang Theobaldshof – Andenhausen. Wir folgen vorsichtig der unruhigen Straße, der wir nur wenig ausweichen können bis *Andenhausen.*

7. Wandertag

67 Von Andenhausen nach Dermbach

Verkehrsmöglichkeiten Andenhausen liegt an der Landstraße, die von Tann zur B 285 führt. Busverbindung mit Zella.
Parkmöglichkeiten Am nördlichen Ortsrand.
Wegmarkierungen Roter Winkel.
Höhenunterschiede 13 Kilometer.
Wanderzeit 3½ Stunden.
Höhenunterschiede Etwa 160 Höhenmeter.
Wanderkarte Bad Salzungen 1:50000.
Tourenbeschreibung Am nördlichen Ortsrand von *Andenhausen* treffen wir mit dem Rhönhöhenweg zusammen, der sich nun eine Weile mit dem HSN deckt. Wir wandern auf der nach Zitters führenden Verkehrsstraße und biegen beim *Wegkreuz* rechts in einen Wirtschaftsweg ein. Er führt in den Wald, biegt nach etwa zwei Kilometern – vom Wegkreuz aus gerechnet – rechts ab und passiert ein *Gehöft.* (Der RHW biegt links ab.) In *Steinberg* halten wir uns links und wandern geradeaus. Vor dem Waldrand zweigen wir rechts ab und wandern zum *Waltersberg.* Dort gibt uns ein Wegweiser die Entfernung zum Gläserberg mit 0,8 Kilometern an. Am Fuß der Kuppe des *Gläserberges* (670 m) biegt unser Wanderweg rechts ab und führt nach *Föhlritz* hinab. In *Föhlritz* links Richtung *Dermbach.* Wir wandern am Rastplatz *Hirtentränke* vorbei, biegen rechts ab, passieren den *Hundeplatz* und schwenken beim *Pavillon* rechts in den Wald. Der Weg führt im Linksbogen aus dem Wald und unterhalb der *Fatimakapelle* entlang. Wir erreichen *Dermbach* auf der *Schützenstraße.*

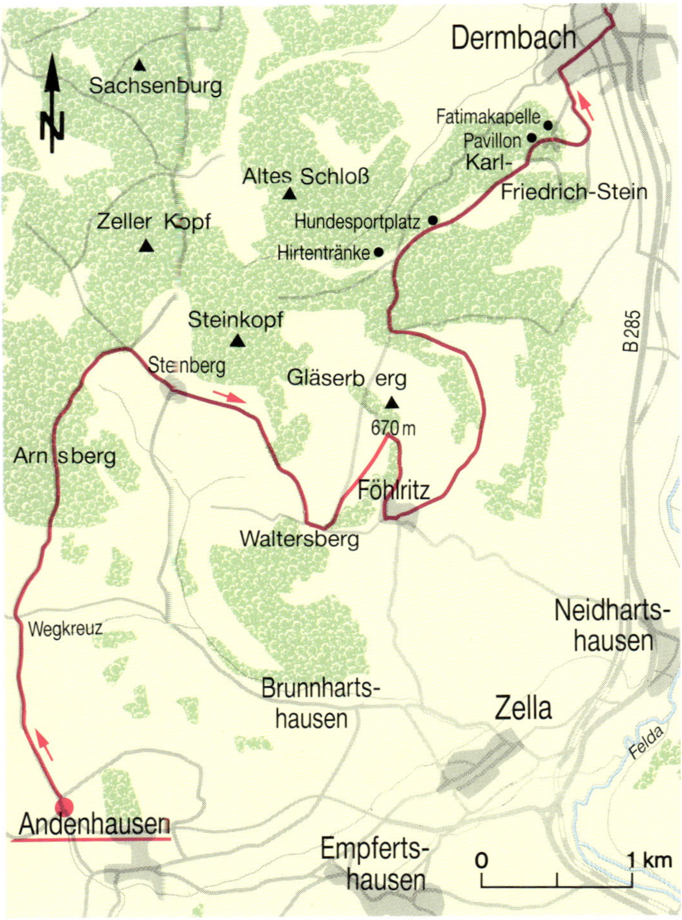
Dermbach
Sachsenburg
Fatimakapelle
Pavillon
Karl-
Friedrich-Stein
Altes Schloß
Zeller Kopf
Hundesportplatz
Hirtentränke
Steinkopf
Steinberg
Gläserberg
670 m
B 285
Arnsberg
Föhlritz
Waltersberg
Neidharts-
hausen
Wegkreuz
Brunnharts-
hausen
Zella
Felda
Andenhausen
Empferts-
hausen
0
1 km

8. Wandertag

68 Von Dermbach nach Vacha

Verkehrsmöglichkeiten Dermbach liegt westlich der Felda an der B 285 zwischen Kaltennordheim und Stadtlengsfeld. Feldabahn Kaltennordheim – Dorndorf mit Anschluß nach Vacha. Busverbindung.
Parkmöglichkeiten Im Ort.
Wegmarkierungen Roter Winkel.
Tourenlänge 20 Kilometer.
Wanderzeit 5 Stunden.
Höhenunterschiede Etwa 300 Höhenmeter.
Wanderkarte Bad Salzungen 1:50000.
Wissenswertes *Vacha* ist eine der ältesten Städte Thüringens. Der Marktplatz mit dem prachtvollen Fachwerkhaus Widemark

(Foto: Klaus Puntschuh)

N
Main-Werra-Weg
Felda
Stadt-lengsfeld
Rückersberg
Hohenwart
Schorn
Bornkopf
Gehaus
Beyershof
714 m
Baier
Oechsen
Main-Werra-Weg
Schorn
559 m
Emberg
Oberalba
Unteralba
Eppersberg
0
1 km
Dermbach
Gasthaus

und dem St.-Vitus-Brunnen, die Stadtkirche St. Johannes, die Stadtbefestigung mit Burg Wendelstein (Stadtmuseum) und die alte Werrabrücke sind herausragende Blickfänge im malerischen Stadtbild. (Zu *Dermbach* siehe Tour 11.)

Tourenbeschreibung Vom Gasthaus *Sächsischer Hof* auf der *Geisaer Straße* nach *Unteralba*. An der *Telefonzelle* biegen wir rechts ab. An der Wegkreuzung in der Flur halten wir uns halblinks. Wir wandern nun lange Zeit geradeaus bis kurz vor Beyershof. Von links kommt der Rhönhöhenweg, der nun etwa zwei Kilometer gemeinsam mit unserem Wanderweg verläuft, dann rechts abbiegt. Wir bleiben geradeaus, überqueren bei *Hohen-*

wart die Straße von Stadtlengsfeld nach Gehaus und wandern auf gut markierten Waldwegen bis zur Flur. Hier nach rechts, aber bald links zu Tal. Wir überqueren die Verkehrsstraße, durchqueren *Völkershausen,* umgehen den Gipfel des *Oechsenberg* (627 m) und steigen nach *Vacha* hinab.

69 Wandern ohne Gepäck

Das Wandern ohne belastendes Gepäck wird immer beliebter. Die Fremdenverkehrsverbände und örtlichen Verkehrsämter bieten eine bunte Palette erlebnisreicher Wandervorschläge an. Die Wanderungen können an jedem Übernachtungsort begonnen werden und führen über gut markierte Wege. Das Gepäck reist zum Tagesziel. Darüber hinaus bieten verschiedene Gemeinden eine Reihe von organisierten Wandertouren an. Sie reichen von geselligen 1-Tages-Touren über Fasten- und naturkundliche Wanderungen bis hin zum Bildungsurlaub im Biosphärenreservat Rhön. Auskünfte erteilen die örtlichen Verkehrsämter. Anmeldungen für die folgenden drei Wandervorschläge nimmt der Fremdenverkehrsverband Rhön e. V. in Fulda entgegen.

1. Von der Kuppenrhön zur Hochrhön
In fünf Tagen führt diese Rundwanderung über insgesamt 96 Kilometer von Hofbieber über Poppenhausen, Gersfeld, Seiferts und Hilders durch die Kuppenrhön und durch das Ulstertal zur Hochrhön. Höhepunkte sind die Besteigungen der sagenumwobenen Milseburg und der Wasserkuppe.

2. Rund um Fulda
Diese bequeme 4-Tages-Tour ohne starke Steigungen führt vom vorderen Vogelsberg nach Fulda. Insgesamt werden 96 Kilometer zurückgelegt. Übernachtet wird in Bad Salzschlirf, Großenlüder-Kleinlüder, Eichenzell-Lütter und Petersberg-Almendorf.

3. Durch das Hessische Kegelspiel
Diese Wanderung führt in vier Tagen über insgesamt 94 Kilometer durch die Basaltberge des Hessischen Kegelspiels. Übernachtet wird in Eiterfeld, Rasdorf, Hofbieber-Schwarzbach und Hünfeld-Sargenzell.

Die Tourist Information Rhön in Bad Kissingen ist Ansprechpartner für die folgenden Rundwanderungen.

1. Eine Woche »Rund um die Schwarzen Berge der südlichen Rhön«
Diese Wanderung führt über insgesamt 135 Kilometer durch die Parklandschaft der Schwarzen Berge und durch die Täler von Fränkischer Saale und Sinn. Übernachtet wird in Bad Bocklet, Bad Kissingen, Elfershausen, Morlesau-Hammelburg, Modlos/Dreistelz und Langenleiten.

2. Eine Woche »Rund um die Hohe Rhön«
Diese Route führt über 130–135 Kilometer über die eindrucksvollen Hochflächen und steilen Basaltkuppen der Hohen Rhön. Es müssen kräftige Steigungen überwunden werden. Übernachtet wird in Bischofsheim, Gersfeld, Hilders, Fladungen-Sennhütte, Ostheim vor der Rhön und Oberelsbach.

3. Zwei Wochen »Quer durch die Rhön«
Über stolze 272 Kilometer bei einer durchschnittlichen Tagesleitung von etwa 23 Kilometern vereint dieser Wanderurlaub über weite Strecken die beiden vorangegangenen Touren.

Der Vogelsberg

70 Von Ulrichstein zu den Schleunigsteinen

Verkehrsmöglichkeiten Ulrichstein liegt etwa zwölf Kilometer nordwestlich von Schotten. Dünne Busverbindung Richtung Alsfeld und Lauterbach.
Parkmöglichkeiten Parkplatz *Lindenplatz* an der Marktstraße nahe der Turnhalle am südöstlichen Stadtrand.
Wegmarkierungen Ab Parkplatz »Schnepfe«, ab Schleunigsteine rotes Band.
Tourenlänge 5,5 Kilometer.
Wanderzeit 2 Stunden.
Höhenunterschiede Etwa 200 Höhenmeter.
Wanderkarte Naturpark Hoher Vogelsberg 1:50000.
Wissenswertes *Ulrichstein* ist einer der höchstgelegenen Orte in Hessen. Von der aussichtsreichen Burgruine oberhalb der Stadt (614 m) ist nur noch wenig erhalten. Das Naturdenkmal

Schleunigsteine gehört zu den unverwechselbaren Punkten der Region.

Tourenbeschreibung Am *Parkplatz* informieren Wandertafeln und Wegweiser. Wir überqueren die *Marktstraße* und gehen den *Langwasserweg* bergab am Haus Ulrichstein vorbei. Auf breitem Asphaltweg durchqueren wir *Langwasser* und erreichen den *Rastplatz VHC-Eck*. Hier halten wir uns rechts. Weiter auf der Asphaltstraße an den *Sigmundshäuser Höfen* vorbei. Kurz bevor die Straße talwärts führt, biegen wir links ab. Ein Feldweg führt durch Wiesen und Äcker hinauf zum Waldrand. Hier nach rechts in den Wald zu den nahen *Schleunigsteinen*.

Wir gehen den Pfad zurück, queren den Feldweg, passieren eine *Schutzhütte* und treffen an der Waldecke auf den Hessenweg Nr. 2 und auf unser neues Wegzeichen, das rote Band. Hier nach links. Nach wenigen Metern rechts. Nun geradeaus und leicht ansteigend durch die Flur, dann links sanft bergab und durch ein Wäldchen. Hinter dem Wäldchen queren wir einen Wirtschaftsweg, wandern durch uriges Wiesengelände, überqueren bei einem *Gehöft* einen Bach und treffen auf den bereits bekannten Asphaltweg. Ihm folgen wir bergauf am Haus Ulrichstein vorbei zum *Parkplatz* zurück.

71 Von Ulrichstein zur Niddaquelle

Verkehrsmöglichkeiten Ulrichstein liegt etwa zwölf Kilometer nordwestlich von Schotten. Dünne Busverbindung Richtung Alsfeld und Lauterbach.
Parkmöglichkeiten Parkplatz Lindenplatz an der Marktstraße nahe der Turnhalle am südöstlichen Stadtrand.
Wegmarkierungen Rotes Band bis Landgrafenborn, grünes H bis zur Ringstraße, gelbes Kreuz zurück nach Ulrichstein.
Tourenlänge 16 Kilometer.
Wanderzeit 4 Stunden.
Höhenunterschiede Etwa 270 Höhenmeter.
Wanderkarte Naturpark Hoher Vogelsang, 1:50000.
Wissenswertes Zu *Ulrichstein* siehe Tour 70.
Tourenbeschreibung Mit dem roten Balken vom *Parkplatz* zur *Ohmstraße.* Wir überqueren die Ohmstraße und erreichen auf einem Asphaltweg den *Ferienpark Burgblick.* Bald führt uns der rote Balken vor einem Wäldchen nach rechts in einen Wirtschaftsweg. Wir wandern an der *Schutzhütte Tannenhöhe* vorbei und stoßen auf das *Ulrichsteiner Kreuz.*

Vorsichtig überqueren wir die *Ringstraße Hoher Vogelsberg.* Auf dem sogenannten *Sternweg* wandern wir am *Parkplatz Ulrichsteiner Kreuz* vorbei und halten uns an der großen Gabelung rechts. Nun etwa einen Kilometer geradewegs durch den Wald. An der nächsten großen Gabelung halten wir uns links und erreichen auf breitem Forstweg die *Schutzhütte Sieben Ahorn.* Hier nach links. In einer scharfen Rechtskurve biegen wir links in einen Waldweg ein und erreichen eine *Orientierungstafel.* Hier nach rechts.

Wir erreichen eine Lichtung, gehen kurz nach rechts in den Wald, biegen aber sofort wieder links ab. Auf schmalem Pfad wandern wir parallel zur Lichtung und stoßen auf einen Forstweg. Hier nach links. Auf breitem Weg wandern wir zum *Landgrafenborn.* Nun richten wir uns nach dem grünen H. Wir passieren die *Niddaquelle* und stoßen wieder auf die *Ringstraße Hoher Vogelsberg.* Hier nach rechts und mit dem gelben Kreuz auf grasbewachsenen Wegrand bis zum *Schutzhaus Charlottenhöhe.* Hier rechts und durch den Wald.

Wir erreichen wieder die *Ringstraße,* gehen kurz nach rechts und biegen dann in die Straße nach Feldkrücken ein. Nach etwa 150 Metern nach rechts in einen Wirtschaftsweg. Nach etwa anderthalb Kilometern müssen wir Obacht geben. Der breite Weg zieht nach links, wir aber biegen im rechten Winkel ab. Das gel-

Ulrichstein
P
Ferienpark
Burgblick
Rebheshain
Auf der Höhe
625 m
Hofhöhe
An den Quellen
P Ulrichsteiner
Kreuz
Selgenhof
Seifenkopf
Hauberg
619 m
Wiesenhof
P
Feldkrücken
Schutzhütte
„Sieben Ahorn“
Charlottenhöhe
Sieben Ahorn
753 m
Rote Erde
P
Geiselstein
Landgrafenborn
Niddaquelle
Grünberg
Natur-
schutz-
gebiet
P
Nidda
NSG
0
1 km

be Kreuz führt uns etwas abenteuerlich auf einen verwachsenen Pfad, der sich zu verlieren scheint, aber nach wenigen Metern Wiesengelände erreicht. Zwischen Weidezaun und Waldrand hinab auf einen Wirtschaftsweg. Hier rechts und hinter der gespiegelten S-Kurve unseres breiten Weges nach links in einen teilweise asphaltierten Pfad, der sich bald als *Waldlehrpfad* entpuppt.

Ein Steg führt uns über einen Bach. Nun links, über eine kleine Brücke hinweg, an einer *Schutzhütte* vorbei. Wir treten aus dem Vogelschutzgehölz, gehen bergan, am Querweg links, am folgenden Querweg rechts und an Haus Ulrichstein vorbei zum *Parkplatz* zurück.

72 Ein Spaziergang im Laubacher Wald

Verkehrsmöglichkeiten Ausgangspunkt ist der Parkplatz bei der Gaststätte Jägerhaus an der B 276 zwischen Laubach und Schotten. Keine öffentlichen Verkehrsmittel.
Parkmöglichkeiten Beim Jägerhaus.
Wegmarkierungen Schwarzes Geweih auf weißem Feld.
Tourenlänge 2,5 Kilometer.
Wanderzeit 40 Minuten.
Höhenunterschiede Etwa 65 Höhenmeter.

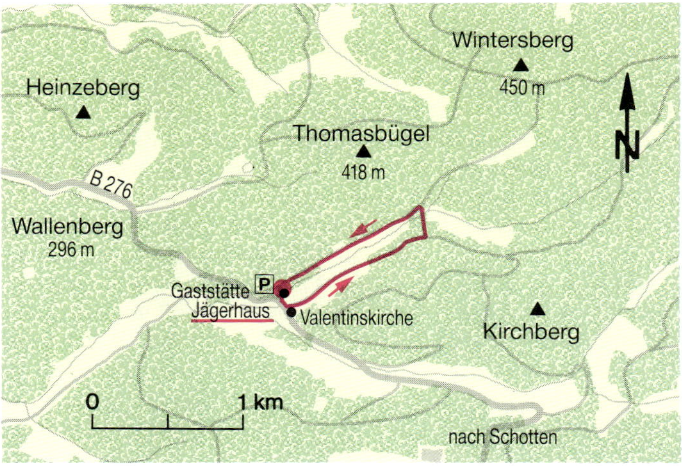

Wanderkarte Naturpark Hoher Vogelsang 1:50000.
Wissenswertes Die einsame *Valentinskirche* nahe dem Jägerhaus war einst Mittelpunkt des 1550 untergegangenen Dorfes Ruthardshausen. Die Ruine des 1260 erbauten Gotteshauses wurde 1970 erneuert.
Tourenbeschreibung Vom Parkplatz beim *Jägerhaus* gehen wir etwa 50 Meter entlang der Bundesstraße zum sichtbaren *Fachwerkhof* und steigen den Hügel zur *Valentinskirche* hinauf. Nach der Besichtigung folgen wir der Markierung durch das Tal. Der Weg folgt dem Lauf des Baches und steigt allmählich an. Nach etwa einem Kilometer biegen wir links in einen schmalen Pfad ein und überqueren den *Bach*. Über die Wiese hinweg erreichen wir einen Forstweg. Hier nach links und zum *Jägerhaus* zurück.

73 Vom Hoherodskopf zum Bilstein

Verkehrsmöglichkeiten Der Hoherodskopf liegt im Zentrum des Naturparks Hoher Vogelsberg an der Ringstraße Hoher Vogelsberg.
Parkmöglichkeiten Parkplatz Hoherodskopf beim Berggasthof (Clubhaus des VHC) nahe dem Sendeturm.
Wegmarkierungen Grünes H bis Taufsteinhütte, roter Ring bis zum Gackerstein, grünes V bis zum Bilstein, mit dem blauen Andreaskreuz zum Hoherodskopf zurück.
Tourenlänge 9 Kilometer.
Wanderzeit 2½ Stunden.
Höhenunterschiede Etwa 200 Höhenmeter.
Wanderkarte Naturpark Hoher Vogelsberg 1:50000.
Anmerkung Das Naturschutz-Informationszentrum auf der Kuppe des Hoherodskopfes, unmittelbar am großen Parkplatz, informiert kostenlos über Tier- und Pflanzenwelt sowie Entstehung des größten europäischen Basaltgebirges.
Wissenswertes Der *Hoherodskopf* (764 m) bildet gemeinsam mit dem Taufstein (773 m) den Mittelpunkt des Vulkankegels Vogelsberg. Der *Gackerstein* (663 m) ist eine Basaltkuppe vulkanischen Ursprungs. In *Breungesheim,* Stadtteil von Schotten, können wir eine Fachwerkkirche aus dem frühen 18. Jahrhundert besichtigen.
Tourenbeschreibung Am *Parkplatz Hoherodskopf* informieren Wandertafeln. Unterhalb des *Berggasthofes* folgen wir dem grünen H am Waldrand entlang, überqueren die Verkehrsstraße

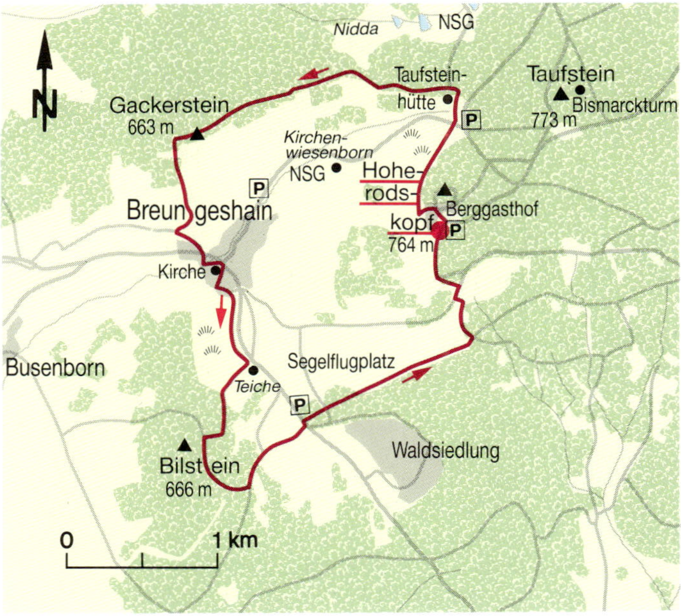

und biegen oberhalb der *Taufsteinhütte* links ab. Wir folgen nun dem roten Ring, tauchen wiederholt auf Pfaden in den Wald und treten wieder hinaus, halten uns aber immer nahe am Waldrand bis zum *Gackerstein.*

Etwa 500 Meter hinter dem *Gackerstein* erreichen wir einen *Wegweiser.* Mit dem grünen V wandern wir nach links ins Tal nach *Breungeshain,* überqueren die *Hoherodskopfstraße* und folgen dem Wegweiser zum Bilstein in die bergab führende Gasse. Am Querweg links, nach etwa 30 Metern rechts in den schmalen Weg, im Rechtsbogen um die *Kirche* in die Straße *In der Bornecke.* Am Ortsende auf der Asphaltstraße links hinauf. Unser Wanderweg folgt nun dem Lauf der Landstraße und biegt unmittelbar vor einem *Teich* rechts ab. An der Waldecke nach links. Nach etwa 60 Metern rechts in den Forstweg. Wir wandern durch Fichtenwald, passieren eine *Anpflanzung,* kreuzen einen Weg und erreichen den *Bilstein* (666 m). Bei schönem Wetter blicken wir über die Wetterau bis zu Taunus und Gießener Becken.

Vom *Bilstein* nach links (vom Herweg gesehen) zu dem Wegweiser bei den nahen Ruhebänken. Mit dem blauen Andreaskreuz Richtung Hoherodskopf. Bergab, am Querweg links, durch Wiesengelände, eine Verkehrsstraße querend und über den Parkplatz hinweg, wandern wir am *Segelflugplatz* entlang. Am Ende des Flugplatzes nach links, am Querweg beim *Holzhaus* nach rechts. Nach etwa 100 Metern verlassen wir den breiten Weg und wenden uns links hinauf. Über die Wiese wandern wir zwischen Waldrand und Skilift zum *Parkplatz* zurück.

74 Rund um den Hoherodskopf

Verkehrsmöglichkeiten Der Hoherodskopf liegt im Zentrum des Naturparks Hoher Vogelsberg an der Ringstraße Hoher Vogelsberg.
Parkmöglichkeiten Parkplatz Hoherodskopf beim Berggasthof (Clubhaus des VHC) nahe dem Sendeturm.
Wegmarkierungen Grünes H.
Tourenlänge 8 Kilometer.
Wanderzeit 2 Stunden.
Höhenunterschiede Etwa 120 Höhenmeter.
Wanderkarte Naturpark Hoher Vogelsberg 1:50000.
Anmerkung Das Naturschutzinformationszentrum auf der Kuppe des Hoherodskopfes, unmittelbar am großen Parkplatz, informiert kostenlos über Tier- und Pflanzenwelt sowie Entstehung des größten europäischen Basaltgebirges.
Wissenswertes Der *Hoherodskopf* (764 m) bildet gemeinsam mit dem Taufstein (773 m) den Mittelpunkt des Vulkankegels Vogelsberg. Hier befand sich vermutlich eine germanische Kultstätte. Das *Hochmoor* an unserem Weg, ein seltenes Biotop, ist etwa 800 v. Chr. entstanden. Der *Geiselstein* ist der Rest eines vulkanischen Schlotes. Er ist reich an Magnetitmineralen. Eine Kompaßnadel wird hier deutlich abgelenkt. Etwa dreißig Meter vom *Bismarckturm* entfernt finden wir den *Bonifatiusborn*. Hier soll der heilige Bonifatius die Heiden getauft haben.

Tourenbeschreibung Wir beginnen die Wanderung unterhalb des Berggasthofes und folgen dem grünen H am Waldrand entlang. Der Höhenrundweg ist gut markiert. An der *Taufsteinhütte* vorbei erreichen wir in nördlicher Richtung die *Forellenteiche* und das *Hochmoor*. Wir wandern an der *Niddaquelle* mit der *Dr.-Künanz-Schutzhütte* vorbei zum *Landgrafenborn*, spazieren nun etwa 400 Meter in östlicher Richtung, wenden uns dann nach Süden und machen bald einen Abstecher zum links des Wegs gelegenen *Geiselstein*.

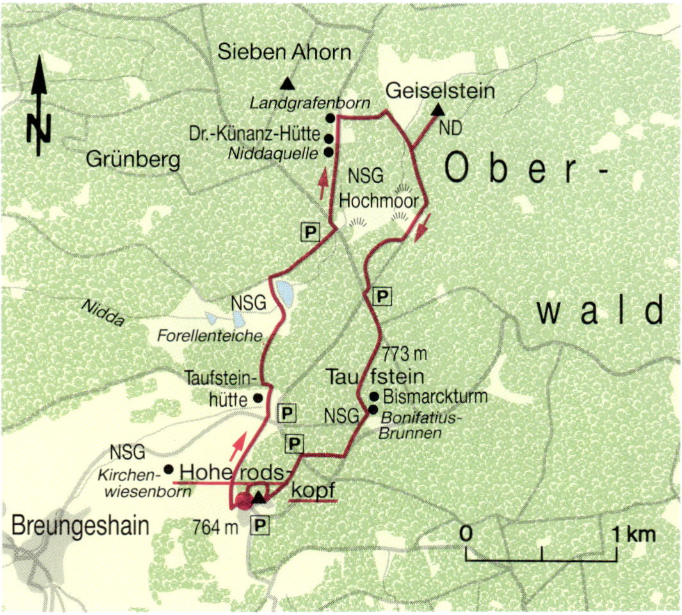

Vom *Bismarckturm* am *Taufstein* genießen wir bei gutem Wetter eine hervorragende Fernsicht bis zu Taunus und Thüringer Wald. Nach einem Abstecher zum nahen *Bonifatiusborn* wandern wir zum *Hoherodskopf* zurück.

75 Ein Spaziergang am Niddasee

Verkehrsmöglichkeiten Autofahrer erreichen den See über die B 455, biegen nach Rainrod ab und folgen im Ort den Wegweisern zum See. Aus Schotten kommend bietet sich der Wanderparkplatz zwei Kilometer südwestlich von Schotten am Nordende des Sees an. Schotten liegt im Herzen des Vogelsberges am Schnittpunkt der B 455 mit der B 276. Busverbindung nach Schotten von den Bahnhöfen Frankfurt/M., Gießen, Nidda, Friedberg und Lauterbach.
Parkmöglichkeiten Wanderparkplatz Waldhof südlich des Stausees oder Wanderparkplatz Sauberg nördlich des Sees.
Wegmarkierungen Waldohreule.

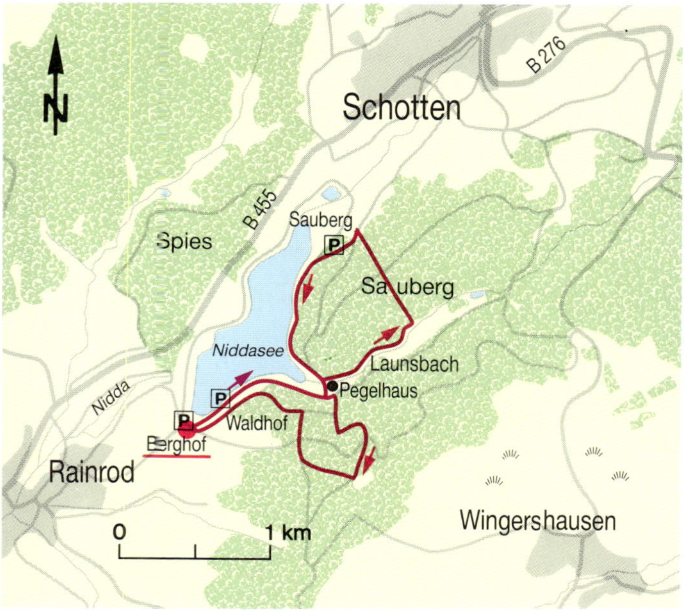

Tourenlänge 7 Kilometer.
Wanderzeit 1 bis 3 Stunden.
Höhenunterschiede Etwa 160 Höhenmeter.
Wanderkarte Naturpark Hoher Vogelsberg 1:50000.
Wissenswertes Der Luftkurort *Schotten* am Eingang zum Naturpark Hoher Vogelsberg geht vermutlich auf eine Siedlung irisch-schottischer Missionare zurück. Die gotische Liebfrauenkirche aus dem 14. Jahrhundert – auch Dom des Vogelsberges genannt – und das Vogelsberger Heimatmuseum bergen beachtliche Schätze.

Der *Niddasee* ist eine Talsperre mit einer 65 Hektar großen Wasserfläche. Hier kann man baden und angeln, segeln, surfen und Tretboot fahren.

Tourenbeschreibung Dieser Spaziergang kann von beiden Wanderparkplätzen begangen werden. Er ist als Naturlehrpfad angelegt, informiert über Forstwirtschaft und Lebensvorgänge im Wald und führt in Form einer Acht über bequeme Forstwege und teils holprige Pfade durch eine abwechslungsreiche Seen-, Wald- und Bachlandschaft. Der »Schnittpunkt« der Acht befindet sich bei der Station *Pegelhaus Läunsbachmündung*. Somit besteht die Möglichkeit, von beiden Ausgangspunkten aus etwa nur die Hälfte der Gesamtstrecke zu wandern.

76 Von Grebenhain zur Herchenhainer Höhe

Verkehrsmöglichkeiten Grebenhain liegt an der B 275 zwischen Gedern und Herbstein. Dünne Busverbindung auf der Strecke Lauterbach – Gedern.
Parkmöglichkeiten Ortsmitte.
Wegmarkierungen Rotes Dreieck (offen), rot-weißes Band, weißer Ring, roter Ring.
Tourenlänge 14 Kilometer.
Wanderzeit 4 Stunden.
Höhenunterschiede Etwa 350 Höhenmeter.
Wanderkarte Naturpark Hoher Vogelsberg 1:50000.
Wissenswertes Die *Herchenhainer Höhe* ist mit 733 Metern eine der höchsten Erhebungen im Vogelsberg. Der schöne Fachwerkbau Teufelsmühle im Ortsteil *Ilbeshausen* wurde der Sage nach vom Teufel im Wettstreit mit einem Zimmermann erbaut.
Tourenbeschreibung Wir verlassen *Grebenhain* entlang der B 275 Richtung Friedberg und biegen in Höhe der *Feuerwache* rechts ab. Das rote Dreieck (offen) führt uns hinter dem *Sportgelände* nach rechts in die Straße *Allmüllersweide,* bald nach links in den *Mühlwiesenweg.* Am Waldrand links und am *Krankenhaus* vorbei. Wir stoßen auf eine Einbahnstraße. Hier rechts, am folgenden Querweg rechts und auf dem Weg *Zum Steinchen*

Zu Tour 76 **»Teufelsmühle« bei Grebenhain-Ilbeshausen/Hochwaldhausen**
(Foto: Fremdenverkehrsverband Vogelsberg-Wetterau)

Oberwald
nach Ilbeshausen
Kleekopf
Klöshorst
Burg
Basaltwerk
Wilde-feldskopf
Gleicher Platz
Rehberg
Brüder-Grimm-Weg
Vaitshain
Grebenhain
Sport-gelände
Schwarza
Herchenhainer Höhe
Bonifatius-kanzel
Soldaten-denkmal
733 m
Mühlberg
P
Krankenhaus
Oberwald
B 275
Crainfeld
Sichenhausen
Herchenhain
Lüder
Ernstberg
0
1 km
Bermuthshain
Hartmannshain
N

in den Wald. Wir treffen auf eine Verkehrsstraße, der wir etwa 150 Meter nach links folgen. Ein Wegweiser schickt uns rechts hinauf zur Herchenhainer Höhe.

Das folgende Wegstück ist nicht durchgängig markiert aber gut ausgeschildert: Stets bergauf bis zu einer Gabelung. Hier nach links. Auf breitem Forstweg bergauf. An der folgenden Gabelung mit Ruhebank halten wir uns rechts. Auf breitem Forstweg linker Hand an einer Lichtung vorbei. Wir passieren zur Rechten einen Rastplatz, stoßen auf das rot-weiße Band und nach wenigen Minuten auf eine Loipentafel. Hier nach links. Bald verlassen wir den Forstweg. Das rot-weiße Band führt uns nach rechts und auf weichem Waldweg steil bergauf. Am Querweg nach links. An der Gabelung bei der Ruhebank halten wir uns links und erreichen die *Herchenhainer Höhe.*

Nahe dem *Soldatendenkmal* finden wir einen Wegweiser. Wir wandern mit dem weißen Ring Richtung Ilbeshausen, treten aus dem Wald, wandern am Waldrand entlang, biegen vor dem Weidegelände am Waldeck rechts ab Richtung Hoherodskopf und stoßen auf einen Wirtschaftsweg. Hier rechts und geradewegs bis über die Kreuzung *Gleicher Platz.*

Gegen Ende des langgezogenen Wiesengeländes biegen wir bei zwei einsamen *Grabstätten* rechts ab und überqueren die Wiese. Am Waldrand nach links und stetig bergab über eine breite Kreuzung dem Schild Ilbeshausen folgend. An einem Schuppen vorbei und nach etwa einem Kilometer nach rechts in einen Waldpfad (Markierung roter Ring). Bald nach links und am uralten Basaltgrat *Burg* vorbei. Nun immer geradeaus, bis wir auf die scharfe Kurve eines Forstweges stoßen. Hier links und auf dem *Brüder-Grimm-Weg* dem Lauf des Baches folgend zurück nach *Grebenhain.*

77 Von Gedern nach Hirzenhain

Verkehrsmöglichkeiten Gedern liegt an der B 275 zwischen Ortenberg und Grebenhain. Busverbindung Richtung Bad Vilbel, Lauterbach und Büdingen.
Parkmöglichkeiten Ortsmitte.
Wegmarkierungen Grünes Dreieck (offen) bis zum Gederner See, weißes S bis Hirzenhain, grünes Kreuz bis Gedern.
Tourenlänge 14 Kilometer. **Wanderzeit** 3½ Stunden.
Höhenunterschiede Etwa 120 Höhenmeter.

N
Streithain
Schwarz-
wald
Natur-
schutz-
gebiet
Spieß-
wald
Gederner See
Feriendorf
Gedern
Schloß
Schmitterberg
nach
Ober-Seemen
Spießweiher
Glashütten
Oepfershausen
B 275
Nidder
Steinberg
Schönhausen
Igelhausen
Merkenfritz
Schweinsgraben-
weiher
Hillersbach
Nidder
Wartkopf
Hirzenhain
Geigersberg
Höllberg
B 275
0
1 km

Wanderkarte Naturpark Hoher Vogelsberg 1:50000.
Wissenswertes Im Luftkurort *Gedern* finden wir neben schönen Fachwerkhäusern das Schloß des Fürsten zu Stolberg-Wernigerode. Der Gederner See ist ein beliebtes Ausflugsziel. *Hirzenhain* ist seit dem 14. Jahrhundert Wallfahrtsort. Die spätgotische Klosterkirche stammt aus dem 14./15. Jahrhundert. Schon zu dieser Zeit wurde bei Hirzenhain Eisen verarbeitet. Aus einer kleinen Eisenhütte im Wald entwickelte sich ein Hochofenwerk. Der Ort verfügt über ein interessantes Museum für Eisenkunstguß.
Tourenbeschreibung Von der *Lauterbacher Straße* nahe der *Kirche* biegen wir in den *Oechlerweg* und folgen dem grünen Band und dem grünen Dreieck (offen) über die *Seestraße* zum *Gederner See*. Am See wenden wir uns nach links und wandern am südlichen Seeende entlang. Das grüne Band verläßt uns nach rechts. Wir stoßen auf das weiße S und folgen den Wegzeichen am *Spießweiher* vorbei über *Steinberg* nach *Hirzenhain*.

Zurück richten wir uns nach dem grünen Kreuz und wandern durch *Merkenfritz*. Der Wanderweg folgt nun dem Lauf des Baches, passiert den *Schweinsgrabenweiher* und führt die Landstraße Gedern – Ober-Seemen querend nach *Gedern* zurück.

78 Rund um Ortenberg

Verkehrsmöglichkeiten Auf der B 275 über Friedberg und Gedern oder auf der B 457 über Büdingen und Gelnhausen. Busverbindung.
Parkmöglichkeiten Am Neuen Marktplatz unterhalb der Altstadt.
Wegmarkierungen Zu Beginn weißer Ring, dann offenes rotes Dreieck bis Eckartsborn. Blauer Strich von Eckartsborn bis zur Bergheimer Straße, dann wieder weißer Ring.
Tourenlänge 13 Kilometer.
Wanderzeit 3½ Stunden.
Höhenunterschiede Etwa 160 Höhenmeter.
Wanderkarte 1:50000 Naturpark Hoher Vogelsberg.
Wissenswertes *Ortenberg* geht auf eine vorchristliche Siedlung zurück. Im 13. Jh. wurden dem heute rund 8000 Einwohner zählenden malerischen Ort die Stadtrechte verliehen. Bemerkenswert ist die aus dem 12. Jh. stammende Burg und das Schloß des Fürsten zu Stolberg-Roßla. Am letzten Oktoberwochenende fin-

Lißberg
Eckartsborn
Nidder
Stein
Unterdorf
B 275
Neumuhle
Bobenhausen
Hof Silbersee
Weidmühle
Bellmuth
Usenborn
Nidder
Bieberberg
Schloß
Hof Breitenhaide
Wippenbach
Ortenberg
Lindenhof
B 275 /
B 457
Kneckenberg
Naturschutzgebiet
Konradsdorf
Nidder
Bergheim
Selters
Effolderbach
0
1 km
N

det der beliebte »Kalte Markt« statt, ein Kram- und Viehmarkt. Er wurde bereits zu Beginn des 15. Jahrhunderts erwähnt. In Ortenberg-Lißberg können wir in der ehemaligen Schule das Musikinstrumentenmuseum besuchen.

Tourenbeschreibung Vom *Neuen Markt* über die *Philipp-Glenz-Straße* und die *Alte Marktstraße* zum *Alten Markt* mit dem *Rathaus* von 1626. Wir verlassen die Altstadt über die *Steingasse* und überschreiten den *Mühlgraben*. Die Straße *Am Mühltor* führt uns über die *Nidder*. Wir queren die *Lauterbacher Straße* (B 275), spazieren wenige Meter auf der *Wippenbacher Straße,* biegen dann rechs ab in die Straße *In den Wingerten*. Sie führt uns ins Zentrum des Stadtteils *Wippenbach*.

Fliegenpilze (Foto: Hans Naumann)

Nach rechts in die *Ortenberger Straße* und gleich links in die Straße *Am alten Unterdorf*. Wir passieren das *Dorfgemeinschaftshaus* und biegen nach wenigen Metern links ab in die *Oberdorfstraße*. Rechts in die Straße *Am Klosterwald*. Den Friedhof passierend, halten wir uns in der Linkskurve geradeaus und wandern in den Wald. Die Markierung weißer Ring führt uns rechts vom breiten Weg ab, erreicht ihn aber wieder nach einer kurzen Strecke und führt uns im scharfen Linksbogen zu einem Wirtschaftsweg. Wir biegen rechts ab und folgen nun dem roten Dreieck (offen) zur *Landstraße Bobenhausen – Wippenbach*. Rechts Richtung Wippenbach. Nach einem kurzen Wegstück biegen wir links ab. Wir achten auf die Markierung und erreichen – stets in nordöstlicher Richtung wandernd – den nördlichen Ortsrand des Stadtteils *Eckartsborn.*

Wir durchqueren den Stadtteil auf der *Bergstraße,* richten uns nun nach dem blauen Strich, treffen auf die *B 275,* folgen ihr ein kurzes Wegstück nach links, biegen dann rechts ab, überschreiten die *Nidder* und wandern auf dem *Weidmühlenweg* in den Wald. Nach etwa zwei Kilometern – von der B 275 aus gerechnet – mündet er in den mit weißem Ring markierten Wanderweg. Hier scharf rechts. Wir treffen auf die Kreisstraße von Ortenberg zum Stadtteil Usenborn, folgen ihr wenige Meter nach links, biegen dann nach rechts ab. Wir passieren den *Hof Breitenhaide,* wandern durch ein Waldstück und treffen beim *Hof Lindenhof* auf die *Bergheimer Straße.* Ihr folgen wir nach rechts und erreichen *Ortenberg* am *Friedhof.*

79 Von Lauterbach zum Hainig

Verkehrsmöglichkeiten Lauterbach ist Schnittpunkt der B 254 Fulda – Alsfeld mit der von Frankfurt über Gedern verlaufenden B 275. Bahnverbindung auf der Strecke Gießen – Alsfeld – Fulda.
Parkmöglichkeiten Stadtmitte.
Wegmarkierungen Blaues Kreuz bis zum Hainig, dann weißer Balken. Letztes Wegstück ohne Markierung.
Tourenlänge 6 Kilometer.
Wanderzeit 1½ Stunden.
Höhenunterschiede Etwa 120 Höhenmeter.
Wanderkarte 1:50000 Naturpark Hoher Vogelsberg.
Wissenswertes *Lauterbach* wurde 812 erstmals urkundlich erwähnt. Der staatlich anerkannte Luftkurort zählt rund 14000 Einwohner. Sehenswert ist die Burg, das Schloß und die historische Altstadt mit dem größten Fachwerkhaus Oberhessens, dem »Goldenen Esel«. Auf dem *Hainig* (417 m), einer idyllischen Höhe mit uralten Eichen und einem steinernen Aussichtsturm, befand sich wahrscheinlich eine vorgeschichtliche Kultstätte. Die vielen Hügelgräber in der Umgebung sprechen dafür.
Variante Vom *Hainig* ausgehend folgen wir dem weißen Balken stetig in südwestlicher Richtung, queren die *B 275* und die *Eisenbahngleise* und treffen auf den *Brüder-Grimm-Weg* (blaues Kreuz). Er führt nach links zum nahen *Schloß Eisenbach.* Folgen wir ihm nach rechts, erreichen wir *Lauterbach* nach etwa

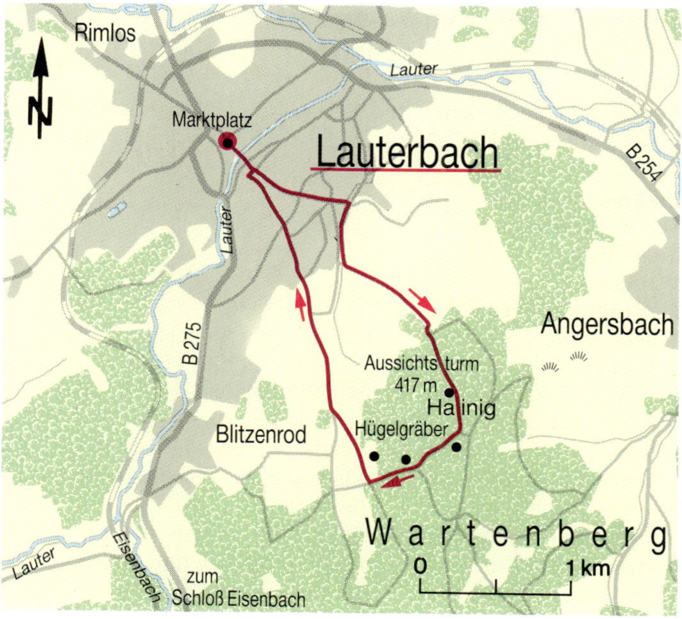

dreieinhalb Kilometern. Die Wanderung verlängert sich insgesamt um etwa drei Kilometer.

Tourenbeschreibung Vom *Marktplatz* ausgehend spazieren wir die *Treppe* gegenüber vom *Rathaus* hinab, überqueren die *Lauter* und verlassen auf der langgezogenen *Hainigstraße* die Stadt. Gegen Ortsende führt uns die *Hainigstraße* über einen kleinen Bach hinweg und zieht sofort nach rechts. Wir folgen dem leicht, aber stetig ansteigenden Asphaltweg in den Wald. Bei einer Kreuzung mehrerer Wege endet der Asphaltbelag. Zwei Wege führen recht steil bergauf. Wir wählen den linken Weg. Er führt uns geradewegs über den *Hainig* hinweg.

Wir stoßen auf einen Forstweg (weißer Balken) und biegen rechts ab. Er mündet in einen breiteren Weg, dem wir in bisheriger Richtung folgen. An der nächsten Kreuzung verlassen wir den markierten Weg und biegen rechts ab. Bald genießen wir einen schönen Fernblick. Unser Weg mündet in ein Asphaltsträßchen. Ihm folgen wir in bisheriger Richtung und erreichen *Lauterbach* auf dem *Eichenweg*.

80 Von Bad Salzschlirf nach Angersbach

Verkehrsmöglichkeiten Bad Salzschlirf liegt nordwestlich von Fulda zwischen Rhön und Vogelsberg. Von Fulda über die B 254. Bahnstation auf der Strecke Gießen – Alsfeld – Fulda.
Parkmöglichkeiten Im Ort.
Wegmarkierungen Weißer Balken.
Tourenlänge 11 Kilometer.
Wanderzeit 2½ Stunden.
Höhenunterschiede Etwa 120 Höhenmeter.
Wanderkarte 1:50000 Naturpark Hoher Vogelsberg.
Wissenswertes *Bad Salzschlirf* zählt rund 2600 Einwohner. Der Ort wurde 885 erstmals urkundlich erwähnt, das Heilbad 1838 gegründet. Es ist für eisenhaltige Sol-Säuerlinge und Moorbäder bekannt. In *Angersbach,* Gemeinde Wartenberg, können wir die barocke Pfarrkirche von 1498 besichtigen. Die Burgruine Wartenberg stammt aus dem 13. Jahrhundert.
Tourenbeschreibung Vom *Verkehrsbüro* beim *Gemeindezentrum* spazieren wir zum nahen *Springbrunnen* und biegen in den *Angersbacher Weg* ein. Wir überqueren die *Lauter,* unterqueren

die *Eisenbahnbrücke* und halten uns an der *Telefonzelle* links. Wir erreichen einen freistehenden *Schuppen,* halten uns rechts und folgen dem Asphaltweg durch ein Waldstück. Mit schöner Aussicht wandern wir an der Ruine Wartenberg vorbei und erreichen *Angersbach* am *Bahnhof.*

Wir überqueren die *Gleise* und die *Lauter,* wandern zur weithin sichtbaren *Kirche* und spazieren über den gepflasterten *Kirchplatz.* Indem wir durch einen Durchlaß in der *Kirchmauer* treten, treffen wir auf den *Stangenweg.* Ihm folgen wir nach links, queren den *Kreuzweg* und wandern auf einem Asphaltweg durch die Flur. Bei einer alten *Linde* erreichen wir die Abzwei-

(Foto: Ulrich Schnabel)

gung nach Landenhausen. Wir halten uns geradeaus Richtung Söderberg. Der Wanderweg führt unter einer *Hochspannungsleitung* hindurch und nun ohne Asphaltbelag bald links talwärts zu einer Gruppe von *Apfelbäumen.* Hier biegen wir rechts ab und wandern weglos über die Wiese zum Waldrand. Wir folgen dem Waldrand bergauf am Drahtzaun entlang. Am Zauneck links. Weiter dem Waldrand folgend erreichen wir kurz vor der Höhe eine *Lichtung.* Wir biegen links ab und treffen auf einen Wirtschaftsweg. Ihm folgen wir nach rechts zu einer Gabelung mit *Ruhebank.* Hier links und an der nächsten Gabelung rechts. Wir erreichen die Höhe, biegen links ab, wandern bald geradewegs zu Tal und kreuzen einen Pfad. Der Wanderweg zieht nun sofort nach rechts und trifft nach wenigen Metern auf einen asphaltierten Weg. Hier links und geradewegs zur *Dr.-Martiny-Straße.* Hier rechts. Wir überqueren die *Gleise,* passieren die *Kirche* und treffen auf dem *Soderweg* wandernd auf die *Bahnhofstraße.* Ihr folgen wir nach rechts zum nahen *Gemeindezentrum.*

Vier Tage-Wanderung Hoher Vogelsberg

Die Wanderung führt über weite Strecken durch den Vogelsberger Oberwald. Er liegt auf einem Plateau von durchschnittlich 600–700 Metern Höhe. Wir begegnen einer Vielzahl Quellen und Bachläufe und erleben einen steten Wechsel von Wald, Feld und Wiesen. Diese Vier-Tage-Tour wird als organisierte Wanderung angeboten. Siehe Tour 82.

1. Wandertag

81 Von Betzenrod nach Ulrichstein

Verkehrsmöglichkeiten Betzenrod ist Stadtteil von Schotten. Busverbindung auf der Strecke Gießen – Laubach – Schotten. Schotten liegt an der B 276 zwischen Laubach und Gedern. Busverbindung mit den Bahnhöfen Frankfurt/M., Gießen, Nidda, Friedberg und Lauterbach.
Parkmöglichkeiten Im Ort.
Wegmarkierungen Grünes Band.
Tourenlänge 13 Kilometer. **Wanderzeit** 3½ Stunden.
Höhenunterschiede Etwa 350 Höhenmeter.

»Wanderwetter ist Immer« (Foto: Klaus Puntschuh)

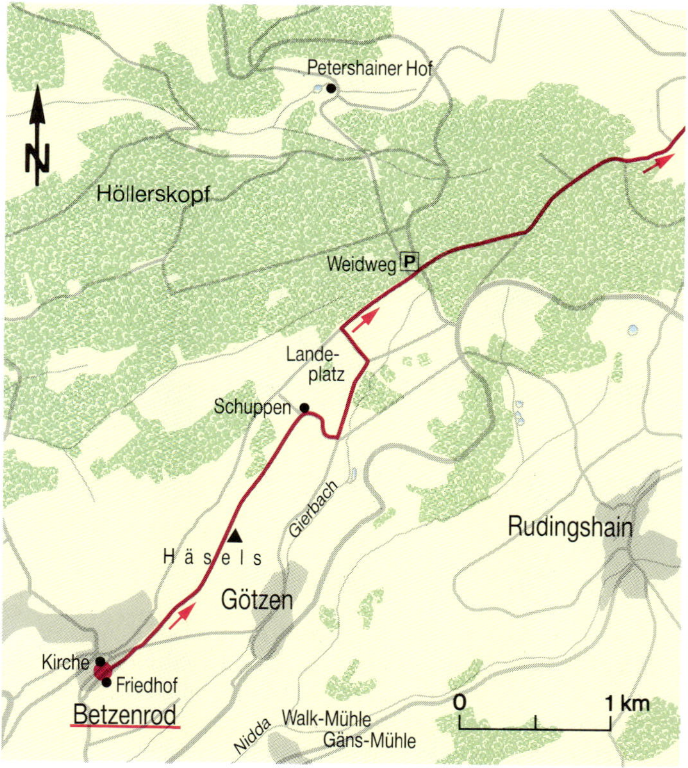

Wanderkarte Naturpark Hoher Vogelsberg 1:50000.
Wissenswertes Zu *Schotten* siehe Tour 75.
Tourenbeschreibung Der Wanderweg berührt den südöstlichen Ortsrand von *Betzenrod* am *Friedhof.* Wir wandern etwa zwei Kilometer geradeaus durch die Felder bis zu einem freistehenden *Schuppen* und biegen rechts ab. Am folgenden asphaltierten Querweg links. Bald biegen wir wieder links ab und wandern zum *Flugplatz* hinauf. Der Weg zieht nach rechts, läuft am Waldrand entlang, kreuzt die Verkehrsstraße beim *Parkplatz Weidweg* und führt in den Wald hinein. Wir stoßen auf eine Wegspinne, halten uns links und erreichen *Feldkrücken.* Wir überqueren die *Oberwaldstraße* und wandern auf der *Laubacher Straße* Richtung Rebgeshain. Noch im Ort erreichen wir rechter Hand einen alten Kastanienbaum und biegen links ab. Nach etwa einem Kilometer passieren wir eine *Schutzhütte* bei einem Wäldchen. Hier bietet sich ein Abstecher zu den nahen *Schleu-*

nigsteinen an. Der Wanderweg jedoch zieht nach wenigen Metern nach rechts, führt leicht ansteigend durch dei Flur, dann links sanft bergab und durch ein Wäldchen. Hinter dem Wäldchen queren wir einen Wirtschaftsweg, wandern durch uriges Wiesengelände, überqueren bei einem *Gehöft* einen Bach und wandern bergauf zum nahen *Ulrichstein*.

2. Wandertag

82 Von Ulrichstein zum Hoherodskopf

Verkehrsmöglichkeiten Ulrichstein liegt elf Kilometer nordwestlich von Schotten. Dünne Busverbindung Richtung Alsfeld und Lauterbach.
Parkmöglichkeiten Parkplatz *Lindenplatz* an der Marktstraße nahe der Turnhalle am südöstlichen Stadtrand.
Wegmarkierungen Rotes Band bis Landgrafenborn, grünes H bis zum Hoherodskopf.
Tourenlänge 10 Kilometer. **Wanderzeit** 2½ Stunden.

Ulrichstein
P
Ferienpark
Burgblick
Rebgeshain
Auf der Höhe
625 m
Hofhöhe
Selgenhof
P
Ulrichsteiner
Kreuz
Wiesenhof
P
Seifenkopf
Feldkrücken
Schutzhütte
Sieben Ahorn
Sieben Ahorn
Geiselstein
ND
Landgrafenborn
Niddaquelle
Grünberg
Nidda
Naturschutzgebiet
Kalteborn
P
D
JH
Taufstein
Bismarckturm
NSG
NSG
Kirchen-
wiesenborn
Hoherods-
kopf
P
Breungeshain
0
1 km

Höhenunterschiede Etwa 160 Höhenmeter.
Wanderkarte Naturpark Hoher Vogelsberg 1:50000.
Wissenswertes Zu *Ulrichstein* siehe Tour 70. Zum *Hoherodskopf* siehe Tour 74.
Tourenbeschreibung Vom *Parkplatz* zur *Ohmstraße.* Wir überqueren die *Ohmstraße* und erreichen auf einem Asphaltweg den *Ferienpark Burgblick.* Bald führt uns der rote Balken vor einem Wäldchen nach rechts in einen Wirtschaftsweg. Wir wandern an der *Schutzhütte Tannenhöhe* vorbei und stoßen auf das *Ulrichsteiner Kreuz.*

Vorsichtig überqueren wir die *Ringstraße Hoher Vogelsberg.* Auf dem sog. *Sternweg* wandern wir am *Parkplatz Ulrichsteiner Kreuz* vorbei und halten uns an der großen Gabelung rechts. Nun etwa einen Kilometer geradewegs durch den Wald. An der nächsten großen Gabelung halten wir uns links und erreichen auf breitem Forstweg die *Schutzhütte Sieben Ahorn.* Hier nach links. In einer scharfen Rechtskurve biegen wir links in einen Waldweg ein und erreichen eine Orientierungstafel. Hier nach rechts.

Wir erreichen eine Lichtung, gehen kurz nach rechts in den Wald, biegen aber sofort wieder links ab. Auf schmalem Pfad wandern wir parallel zur Lichtung und stoßen auf einen Forstweg. Hier nach links. Auf breitem Weg erreichen wir den *Landgrafenborn.* Wir wenden uns in östlicher Richtung zum *Geiselstein* (grünes H). Wir passieren den *Taufstein* und erreichen den *Parkplatz Hoherodskopf.*

3. Wandertag

83 Vom Hoherodskopf nach Gedern

Verkehrsmöglichkeiten Der Hoherodskopf liegt im Zentrum des Naturparks Hoher Vogelsberg und ist über die Ringstraße Hoher Vogelsberg gut zu erreichen.
Parkmöglichkeiten Parkplatz Hoherodskopf.
Wegmarkierungen Gelbes Kreuz.
Tourenlänge 15 Kilometer. **Wanderzeit** 4 Stunden.
Höhenunterschiede Etwa 50 Höhenmeter, aber ein Gefälle von insgesamt etwa 450 Höhenmetern.
Wanderkarte Naturpark Hoher Vogelsberg 1:50000.
Wissenswertes Zum *Hoherodskopf* siehe Tour 74.

Hoherods-
kopf
764 m
P
Klosborn
Schutzhütte
Willi-Appel-Linde
Segelflugplatz
N
Wilde-
feldskopf
Waldsiedlung
Teiche
Mühlberg
Herchenhainer
Höhe
Sichenhausen
Herchen-
hain
NSG
Ernstberg
626 m
Schöne
Aussicht
Nidder
Kaulstoß
Hartmannshain
Alte Burg
617 m
Gaulskopf
B 275 / 276
Volkartshain
Tempels-
wald
0
1 km

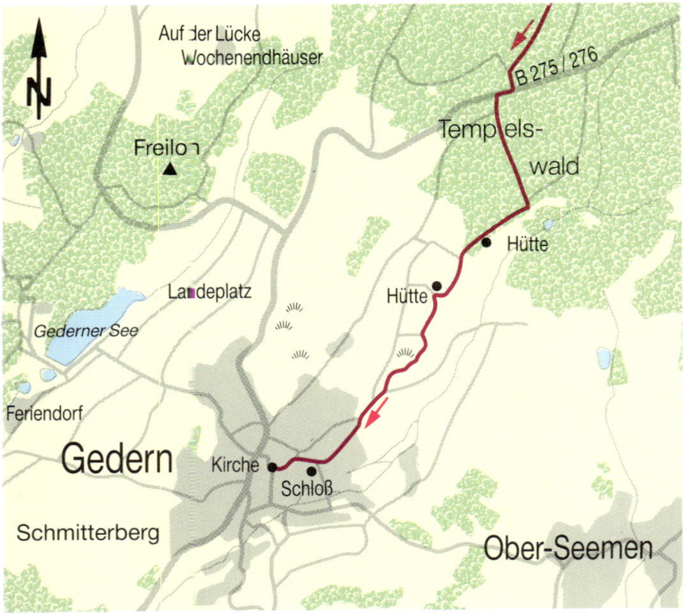

Tourenbeschreibung Vom *Parkplatz Hoherodskopf* folgen wir dem gelben Kreuz zwischen Waldrand und Skilift zu Tal, biegen links in den Wirtschaftsweg ein und passieren die *Willi-Appel-Linde.* An der bald kommenden Gabelung halten wir uns rechts. Auf der großen Lichtung halten wir uns ebenfalls rechts und passieren eine Schutzhütte. Wir wandern Richtung Herchenhain und biegen bald links ab, laufen auf weichem Waldweg, kreuzen eine Forststraße und folgen dem Wegweiser nach *Herchenhain.*

Wir erreichen *Herchenhain* auf dem *Feldkrücker Weg,* biegen rechts in die *Rathausstraße* ein, folgen der Landstraße Richtung Hoherodskopf und biegen am Ortsausgang links in den Wirtschaftsweg ein. Rechter Hand können wir einen Bogen über den *Ernstberg* (626 m) schlagen. An der Weggabel am Waldrand halten wir uns rechts und an der Waldecke geradeaus. Der Wanderweg führt am Waldrand entlang und biegt rechts in einen Wirtschaftsweg ein, den wir nach etwa 200 Metern nach links verlassen. Der Weg läuft am Fichtenwald entlang. An der Fichtenwaldecke biegen wir links ab. An der *Schutzhütte* wandern wir geradeaus vorbei, halten uns weiterhin geradeaus und erreichen die *B 275/276,* der wir etwa 100 Meter nach rechts folgen, dann links in den Wald abbiegen. Der Weg führt durch alten Buchenwald, dann durch die Flur. Wir erreichen *Gedern* auf der Straße *Am Prinzengarten* und wandern zur *Kirche* hinab.

4. Wandertag

84 Von Gedern nach Betzenrod

Verkehrsmöglichkeiten Gedern liegt an der B 275 zwischen Ortenberg und Grebenhain. Busverbindung Richtung Bad Vilbel, Lauterbach und Büdingen.
Parkmöglichkeiten Ortsmitte.
Wegmarkierungen Grünes Band.
Tourenlänge 15 Kilometer.
Wanderzeit 4 Stunden.
Höhenunterschiede Etwa 380 Höhenmeter.
Wanderkarte Naturpark Hoher Vogelsberg 1:50000.
Wissenswertes Zu *Gedern* siehe Tour 77.
Tourenbeschreibung Von der *Kirche* über die *Lauterbacher Straße* hinweg in den *Oechlerweg* und über die *Seestraße* zum *Gederner See.* Am See nach links und am südlichen See-Ende entlang. Wir biegen vor dem *Campingplatz* rechts ab. Der Weg zieht am *Campingplatz* entlang in den Wald. Wir folgen dem Asphaltweg, biegen aber bald scharf links in einen Forstweg ein. Wir folgen dem Forstweg etwa 600 Meter, biegen rechts ab, überqueren die *Nidder,* kreuzen am *Sickfeld-Platz* einen Forstweg, halten uns geradeaus und stoßen wieder auf einen Forstweg. Hier nach links, bald nach rechts in einen Waldweg und über den *Hillersbach.*

Der Wanderweg verläuft nun überwiegend auf schmalen Waldpfaden und biegt häufig ab (genau auf die Markierung achten!). Schließlich stoßen wir auf die nach Eichelsachsen führende Verkehrsstraße, der wir etwa 250 Meter nach links folgen, dann rechts in einen Forstweg einbiegen. Durch Wiesen und Weidegelände erreichen wir *Eschenrod* am *Friedhof.* Über die *Friedhofstraße,* an der *Kirche* vorbei und auf der *Lindenstraße* bergauf. Wir biegen bald rechts ab, passieren den *Sportplatz* und verlassen den Ort auf der *Schottener Straße.* Wir laufen ein Wegstück parallel zur Bundesstraße, spazieren am *Golfplatz* entlang. Am Ende des Golfplatzes schlüpft der Wanderweg rechts in einen sehr schmalen Pfad. Wir erreichen die von Wingertshau-

Haus Vogelsberg
B 276
Wildhauskopf
Golf-
platz
Sportplatz
Eschenrod
Kirche
Friedhof
Wingers-
hausen
Warte
399 m
Waidbach
Windberg
397 m
B 276
Nidder
Am Hirzberg
Natur-
Auf der Lücke
Hof Zwiefalten
Wochenendhäuser
schutzgebiet
Sickfeld-Platz
Freiloh
Hillersbach
Nidder
Schwarz-
Camping-
platz
Landeplatz
Gederner See
Whs.
Naturschutzgebiet
Camping-
platz
Streithain
wald
Feriendorf
Spieß-
wald
0
1 km
Gedern
Kirche
Glashütten
Schmitterberg
Spießweiher

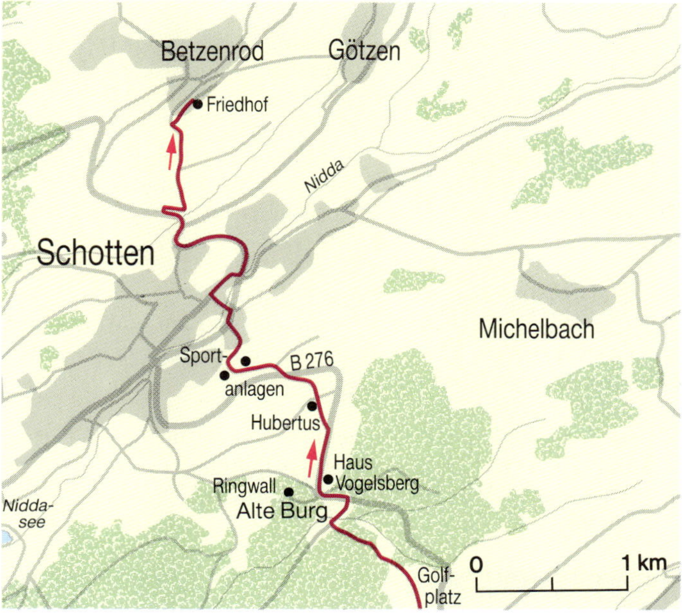

sen herauffführende Verkehrsstraße und folgen ihr nach rechts zur B 276, der wir etwa 500 Meter Richtung Schotten folgen, biegen aber bald links ab, kreuzen schließlich die B 276, erreichen *Schotten* am *Sportplatz,* biegen an der *Erwin-Mengel-Straße* bald links ab und laufen durch die Unterführung der B 455. Am *Verkehrsamt* vorbei und auf der *Laubacher Straße* aus dem Ort. Wir folgen der B 276 und biegen am Ortsende hinter der Kurve scharf rechts ab, wenden uns bald links hinauf auf die Höhe und erreichen *Betzenrod* am *Friedhof.*

85 Wandern ohne Gepäck

Der Vogelsberger Höhen-Club und der Fremdenverkehrsverband Vogelsberg und Wetterau organisieren Wanderungen im ältesten hessischen Naturpark. Das Pauschalangebot für die mehrtägigen Rundwanderungen umfaßt Übernachtungen mit Frühstück, Gepäcktransfer zur nächsten Unterkunft, Wanderkarten und notwendige Vorbereitungen.

1. 4-Tage-Wanderung
Diese Wanderung führt über insgesamt 53 Kilometer von Schotten/Betzenrod über Ulrichstein und den Hoherodskopf nach Gedern und zurück nach Betzenrod. Siehe Tour 79–82.

2. 5-Tage-Wanderung
Über 105 Kilometer wird von Büdingen über Nidda, Schotten, Hochwaldhausen, Gedern und zurück zum Ausgangsort gewandert.

3. 6-Tage-Wanderung
Über insgesamt 107 Kilometer erstreckt sich diese Wanderung von Grünberg über Ulrichstein, Lauterbach, Herbstein, Hoherodskopf, Laubach und zurück.

Nähere Information und Anmeldung zur 4- und 5-Tage-Tour beim Städtischen Verkehrsamt in Schotten, zur 6-Tage-Tour beim Städtischen Verkehrsamt in Ulrichstein.

(Foto: Ulrich Schnabel)

Anschriftenverzeichnis

Verband Deutscher Gebirgs- und Wandervereine e. V.
Reichsstraße 4, D-66111 Saarbrücken

Deutsche Wanderjugend
Wilhelmstraße 39, D-75378 Bad Liebenzell

Deutscher Alpenverein
Von-Kahr-Straße 2–4, D-80997 München

Deutsches Jugendherbergswerk
Bismarckstraße 8, D-32756 Detmold

Deutsches Jugendherbergswerk e. V., Landesverband Bayern
Mauerkircherstraße 5, D-81679 München

Deutsches Jugendherbergswerk e. V., Landesverband Hessen
Stegstraße 33, D-60594 Frankfurt am Main

Touristenverein »Die Naturfreunde«
Bundesgruppe Deutschland e. V.
Großglocknerstraße 28, D-70327 Stuttgart

Hessisch-Waldeckischer Gebirgs- und Heimatverein e. V.
D-34119 Kassel

Knüllgebirgsverein e. V.
Am Markt 37, D-36251 Bad Hersfeld

Vogelsberger Höhenclub e. V.
Bahnhofstraße 26, D-63667 Nidda

Geschäftsstelle des Rhönklubs
Peterstor 7, D-36037 Fulda

Fremdenverkehrsverband Rhön e. V.
Wörthstraße 15, D-36037 Fulda

Tourist Information Rhön
Postfach 1820, D-97688 Bad Kissingen

Tourist Information Rhön
Postfach 1460, D-97616 Bad Neustadt/Saale

Verkehrsbüro Bad Salzungen
Bahnhofstraße 23, D-36433 Bad Salzungen

Meiningen-Information
Bernhardstraße 6, D-98617 Meiningen

Vogelsberger Höhen-Club
Am Wiesengrund 12, D-63691 Ranstadt

Fremdenverkehrsverband Vogelsberg + Wetterau
Goldhelg 20, D-36341 Lauterbach/Hessen

Verzeichnis der Jugendherbergen

Bad Brückenau
Schützenhausweg 6, D-97769 Bad Brückenau

Bischofsheim
Bauersbergstraße 110, D-97653 Bischofsheim

Büdingen
Jugendherberge 1, D-63654 Büdingen

Fulda
Schirrmannstraße 31, D-36041 Fulda

Gelnhausen
Schützengraben 5, D-63571 Gelnhausen

Gersfeld
Jahnstraße 6, D-36129 Gersfeld

Hilders
Haus der Jugend, D-36115 Hilders

Laubach
Am Ramsberg, D-35321 Laubach

Lauterbach
Schlitzer Straße 50, D-36341 Lauterbach

Linsengericht
Haus der Jugend, Geislitz, D-63589 Linsengericht

Lohr
Brunnenwiesenweg 13, D-97816 Lohr/Main

Oberbernhards (Ortsteil von Hilders)
Oberbernhards 5, D-36115 Oberbernhards

Retzstadt
Herbergsweg 2, D-97282 Retzstadt

Schotten-Hoherodskopf
Hoherodskopf, D-63679 Schotten

Schweinfurt
Niederwerrnerstraße 17½, D-97421 Schweinfurt

Wichtiger Hinweis

Da Jugendherbergen und Wanderheime zum Teil während der Woche und zu bestimmten Zeiten des Jahres geschlossen sind, empfiehlt der Verlag, sich frühzeitig vor Beginn einer Wanderung mit den genannten Häusern in Verbindung zu setzen und die folgenden Angaben nur als Hinweis zu betrachten und sich zum Planen – besonders einer längeren Wanderung – folgende Verzeichnisse zuzulegen:
1. Deutsches Jugendherbergsverzeichnis
2. Naturfreundehäuser in Deutschland
3. Die Alpenvereinshütten

im jeweils gültigen Jahrgang. – Zu beziehen über den Buchhandel oder über eine der vorstehenden Adressen.

Naturfreundehäuser in der Rhön

D-63599 Biebergemünd, Ortsteil Kassel
Naturfreundehaus Günthersmühle, Bornweg
Anfragen: Rita Müller, Jossaweg 19, D-63071 Offenbach

D-36304 Alsfeld-Leusel
Alsfelder Naturfreundehaus am Romröder Weg

Wanderheime und Hütten des Rhönklubs

Frankfurter Hütte (Zweigverein Frankfurt)
Am Simnmelsberg, Gemeinde Rodenbach,
Post und Bahn D-36129 Gersfeld

Fuldaer Haus (Zweigverein Fulda)
An der Maulkuppe, D-97490 Poppenhausen, OT Steinwand,
Bahnstation Bieberstein

Kissinger Hütte (Zweigverein Kissingen)
Auf dem Feuerberg, Post D-97657 Langenleiten/Rhön

Milseburg Hütte
Auf der Milseburg, Bahnstation Milseburg

Neustädter Haus (Zweigverein Bad Neustadt a. d. Saale)
Am Käuling, Bahnstation Bischofsheim/Rhön

Rother Kuppe (Zweigverein Nordheim v. d. Rhön)

Schweinfurter Haus (Zweigverein Schweinfurt)
Oberelsbach am Gangolfsberg, Bahnstadtion Nordheim v. d. Rhön

Würzburger Karl-Straub-Haus (Zweigverein Würzburg)
Am Farnsberg bei Oberriedenberg, Bahnstation Oberriedenberg

Wandern mit offenen Augen

(Bilder entnommen aus »Hallwag-Taschenbücher«, Hallwag Verlag Bern und Stuttgart, und aus »Der große Natur- und Landschaftsführer«, Mairs Geographischer Verlag, Stuttgart.)

Zitterpappel
(weibliche und männliche Kätzchen)

Silberpappel *(weibliche und männliche Kätzchen)*

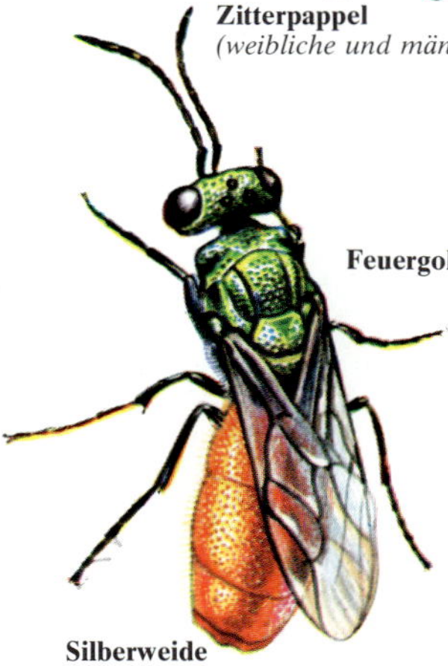

Feuergoldwespe

Distelfalter

Silberweide
(männliche und weibliche Kätzchen)

Ohrweide
(männliche und weibliche Kätzchen)

Traubenholunder
(Blüten, Früchte)

Sanddorn

Großer Feuerfalter
(Männchen)

Heidelerche

Haselstrauch

Berberitze
(Blüten und Früchte)

Die Vogeluhr

Die Vögel des Waldes erwachen nicht alle gleichzeitig. Sie halten pünktlich ihre Zeiten ein, so daß sich eine »*Vogeluhr*« ergibt. Der Hausrotschwanz z. B. meldet sich 75 Minuten vor Sonnenaufgang zuerst; ihm folgen Singdrossel, Amsel (63 Minuten), Rotkehlchen (57 Minuten), Kuckuck (55 Minuten), Zaunkönig (48 Minuten) und Buchfink (29 Minuten). Kurz vor Sonnenaufgang kommen Zilpzalp, Specht und Kleiber. Star und Grünfink lassen sich Zeit bis nach Sonnenaufgang.

Grünspecht
(Männchen)

Buchfink
(Männchen)

Hausrotschwanz
(Männchen)

Amsel
(Männchen)

Grünfink

Star
(Männchen in Frühjahrsfärbung)

Rotkehlchen

Feldsperling

…Der größte Langschläfer unter den Vögeln ist aber – man sollte es nicht glauben – der sonst so flinke und vorlaute Sperling.

Wanderbares Österreich

Burgenland
Kärnten
Osttirol
Salzburger Land
Tirol
Vorarlberg
Wien, Wanderregion

Die schönsten Radtouren

Allgäu/Bodensee
Altmühltal/Frankenalb Süd
Bayerischer Wald
Bergisches Land mit Siegerland
Berlin und Umland
Deutschland, Radfernwandertouren (Ost)
Deutschland, Radfernwandertouren (West)
Donau
Eifel
Fränkische Schweiz/Frankenalb Nord
Hamburg/Umland
Harz/Weser/Leine
Hohenlohe/Taubergrund
Hunsrück/Saarland
Rad-Deutschland-Tour: Von JH zu JH (Ost)
Rad-Deutschland-Tour: Von JH zu JH (West)
Kurhessen-Waldeck
Lüneburger Heide mit Wendland
Mark Brandenburg Ost
Mark Brandenburg West
Mecklenburg-Vorpommern
Münsterland
Niederrhein 1
Niederrhein 2
Oberrhein – Elsaß I: Heidelberg – Straßburg
Oberrhein – Elsaß II: Straßburg – Basel
Oberschwaben/Bodensee
Odenwald
Ostfriesland
Ostsee und Holsteinische Schweiz
Ostseeküste/Rügen
Rhein
Rheinhessen – Pfalz
Mit der S-Bahn an Rhein und Ruhr
Rhön/Vogelsberg
Romantische Straße
Ruhrgebiet
Sauerland
Schwäbische Alb
Schwäbischer Wald/Neckarland
Schwarzwald
Spessart/Kinzigtal/Fränkisches Weinland
Taunus/Wetterau
Teutoburger Wald
Thüringer Wald
Tour de Baden-Württemberg
Tour de Ländle I
Voralpenland I: Iller – Donau – Lech
Voralpenland II: Lech – Donau – Salzach
Westerwald
Balearen
Belgien
Dänemark
Frankreich
Inn
Loire
Niederlande
Rhône
Schweiz

DJH-Wegweiser

Wandern mit Kompaß und Karte
Spuren der Römer im Rheinland
Spuren der Römer: Rhein – Main
Spuren der Römer: Main – Rems
Spuren der Römer: Rems – Donau
Wandern mit Kindern und Jugendlichen
Wandern gut geplant und vorbereitet
Radwandern gut vorbereiten
Kinder und Jugendliche im Gebirge
...rund um Alpenvereinshütten
...rund um JH: Allgäuer Alpen/Bayerisch Schwaben
...rund um JH: Bayerische Alpen
...rund um JH: Hunsrück/Nahe
...rund um JH: Pfalz
...rund um JH: Vulkaneifel/Südeifel
...rund um JH: Saarland
...rund um NFH: Pfalz

DEUTSCHER WANDERVERLAG
Dr. Mair & Schnabel & Co. · Stuttgart

. . . rund um Jugendherbergen: Allgäuer Alpen

Tips für Trips: Ausflugsziele, Wanderungen, Radtouren. Beschrieben von *Veit Metzler.*

. . . rund um Jugendherbergen: Bayerische Alpen

Tips für Trips: Ausflugsziele, Wanderungen, Radtouren. Beschrieben von *Veit Metzler.*

. . . rund um Jugendherbergen: Pfalz

Tips für Trips: Ausflugsziele, Wanderungen, Radtouren. Beschrieben von *Heinz R. Wittner.*

. . . rund um Jugendherbergen: Hunsrück-Nahe

Tips für Trips: Ausflugsziele, Wanderungen, Radtouren. Beschrieben von *Heinz R. Wittner.*

. . . rund um Alpenvereinshütten: Mit Kindern im Gebirge

Allgäu und Lechtal.
Beschrieben von *Klaus Umbach, Wilfried Dewald* und *Wolfgang Mayr.*

Wandern mit Kindern und Jugendlichen

Spiele, Abenteuerwanderungen, Wander-Rallye und viele weitere Möglichkeiten.

Wandern mit Kompaß und Karte

und anderen Hilfsmitteln zur Orientierung.
Von *Heinrich Streich.*

Mit Kindern und Jugendlichen im Gebirge

Mit Gruppen im Gebirge – mit der Klasse unterwegs – praktische Tips, Ratschläge und Planungshilfen für Touren.

Radwandern gut vorbereiten Technik – Planung – Tips

Rund ums Rad. Kleine Geschichte des Fahrrads. Das Fahrrad in seinen Einzelteilen.

Wandern gut geplant und vorbereitet

Ratgeber und Wanderregeln.
Von *Friedrich Schuhmacher.*

Auf den Spuren der Römer im Rheinland

Ausflüge zu den Überresten aus römischer Zeit. Beschrieben von *Werner Schönhofen.*

Die Deutsche Wanderjugend (DWJ) ist die Jugendorganisation des Verbandes Deutscher Gebirgs- und Wandervereine. Die jugendlichen Mitglieder von sechs bis 25 Jahren pflegen natürlich das Wandern in kind- und jugendgerechten Formen. Die Deutsche Wanderjugend wanderte schon lange aus Freude an der Natur und aus Spaß, bevor das „Volkswandern" erfunden wurde. Die Kinder und Jugendlichen bei der Wanderjugend lernen, wie man richtig wandert, erfahren alles über eine wandergerechte Ausrüstung von den Wanderschuhen bis zum Rucksack und üben den Umgang mit Kompass und Karte.

Wandern ist aber nur ein Teil der Aktivitäten. Die Jugendarbeit der Deutschen Wanderjugend umfaßt ein viel breiteres Angebot. Die Jugendgruppen der Wanderjugend legen die Inhalte und Schwerpunkte ihrer Arbeit selbst fest. Im Rahmen einer sinnvollen aktiven Freizeitgestaltung werden in der Gruppenarbeit oft musisch-kulturelle Aktivitäten bevorzugt: Basteln, Werken, Pantomime, Laienspiel, kreatives Gestalten, Singen und Instrumentalspiel, Volkstanz. Die vielfältige Bildungs- und Jugendarbeit der Deutschen Wanderjugend erstreckt sich auf Freizeiten, Fahrten, Zeltlager, Lehrgänge zur politischen Bildung, internationale Jugendbegegnungen.

Eine wichtige Aufgabe stellt der aktive Natur- und Umweltschutz für die Wanderjugend dar. Dabei steht v. a. die Erziehung und Bildung der Kinder und Jugendlichen zum umweltbewußten Menschen im Vordergrund.

Wer mehr über uns, die DWJ, wissen will, schreibt an die

DWJ-Bundesgeschäftsstelle, Wilhelmstraße 39, D-75378 Bad Liebenzell.